AF282680

Wolfgang Rödig

Lebensgewißheiten

Hinter Weisheiten der andern

Wolfgang Rödig

Lebensgewißheiten

Hinter Weisheiten der andern

Bibliografische Information der Deutschen Nationalbibliothek:
Die Deutsche Nationalbibliothek verzeichnet diese Publikation in der
Deutschen Nationalbibliografie; detaillierte bibliografische Daten sind
im Internet über http://dnb.d-nb.de abrufbar.

Verlag: BoD · Books on Demand GmbH, Überseering 33,
22297 Hamburg, bod@bod.de
Druck: Libri Plureos GmbH, Friedensallee 273, 22763 Hamburg

ISBN: 978-3-7693-1770-1

MIX
Papier aus verantwortungsvollen Quellen
Paper from responsible sources
FSC® C105338
FSC
www.fsc.org

Aphoristisches zu Werten

Welcher kühl Berechnende nimmt schon Rücksicht
Wenn er auch das Nachsehen haben kann
Mancher Mitmensch liebt seinen Nächsten so und
Derart,daß er ihm ein Haus aus Süßigkeiten
Baut und dieses gleich noch mit scharfem Mostrich füllt
In ihrer Rolle als Vertrauen wirkt die
Hoffnung der Gutgläubigen recht überzeugend
Ein guter und kluger Mensch pfeift versehentlich
Mit Absicht oder absichtlich aus Verseh'n
Auf die hehren Lebenswerte,wenn er sein
Dasein dadurch lebenswerter machen kann
Es ist nicht leicht,die eher altbackenen und
Doch ziemlich faden Werte demjenigen
Schmackhaft zu machen,der die Weisheit aus
Unterhaltenden Medien löffelt
Zuverlässigkeit,intakten Maschinen
Abgeschaut,verkommt zur Funktionstüchtigkeit
Wer trotz seiner nicht länger tolerierbaren
Toleranz Verständnis für sich selbst aufbringt,bringt
Selbst Langmütigster Verständnis gegen sich auf
Der Aufrechte ist prädestiniert dafür
Vorbildlich gerade in der Ecke zu steh'n

Vor der Weisheit letzten Schlüssen

Für einen schriftstellerisch Tätigen mit
Häufiger Schreibblockade ist eine leere
Seite kein unbeschriebenes Blatt,wenn es schon
Sein muß,sollte man so rücksichtsvoll sein und
Jemanden vor verendete Tatsachen
Stellen,die jagen vielleicht einen leichten
Schauder über den Rücken,aber nicht mehr so
Richtig Angst ein,sollen sie optimal zur
Geltung kommen,tut den echten Sternen die Nacht
So richtig gut,auf das Fingerspitzengefühl
Des Überbringers einer schlechten Nachricht läßt
Es sich schieben,wenn der Empfänger derselben
Angefaßt statt gefaßt wirkt,um ihre Wege
So eindrucksvoll wie möglich zu illuminier'n
Eliminier'n die Vorangehenden ihre
Dunklen Seiten so gut es geht,wer vor lauter
Eigenlob den Braten nicht riecht,stellt vermutlich
Nicht nur geruchstechnisch keine allzu hohen
Ansprüche an sich selbst,eine Abstimmung
Über Abstammung wäre im Sinne manches
Rassisten,hätte sie nicht gar soviel mit
Demokratie zu tun,der eine ist in
Einem Netz aus Intrigen gefangen,der
Andere kommt aus dem Staunen nicht mehr heraus
Die Aussage,daß vor allem das Tierreich
Tierreich,wirkt dem Artenschwund leider kein bißchen
Entgegen,wer etwas nicht fassen kann,kann froh
Sein,daß er kein Stadion,dem es so total

An Fassungsvermögen mangeln würde,daß im
Ernstfall sogar ungeschriebene Gesetze
Umgeschrieben werden,steht auf einem ganz
Anderen Blatt,etliche der wilden Tiere
Und Menschen sind selbst für Mathematiker
Unberechenbar,der vermenschlichende
Zyniker hält Tiere für Idioten,weil
Sie alles geben für die Erhaltung ihrer
Jeweils eigenen Art,die wie jegliche
Andere früher oder später aussterben
Wird,wer vorhat,einen Garten anzulegen
Sollte wissen,daß man sich nicht mit einem
Garten anlegen sollte,wenn immer alle
An einem Strang ziehen,wird zumindest keiner
Mehr ein Tauziehen für sich entscheiden,bevor
Man ihn als allzu große Hilfe im Kampf
Gegen Prostitution begrüßt,muß doch
Festgestellt werden,daß ein eingesperrter
Freier eigentlich etwas Unlogisches ist
Ein übergroßes Selbstbewußtsein ist meistens
Nur eine Fehlinterpretation der
Herrschenden Umstände,Herkules und Mammut
Sind absolut obsolet und haben ihre
Aufgaben längst aufgegeben,wenn man nicht
Allzu religiös ist,kann man leicht zu der
Ansicht gelangen,daß Gott erst den Menschen aus
Staub gemacht hat und sich dann aus dem Staub gemacht
Hat,in gewissen schwierigen Lagen ist es

Sogar für den spirituell Veranlagten

Vielversprechender,Hand anzulegen,als nur

Die Hand aufzulegen,das Gute an all

Jenen davongeschwommenen Fellen ist doch

Daß sie niemandem mehr über die Ohren

Gezogen werden können,wer die Natur

Wirklich liebt,sollte sich nicht in ihr aufhalten

Sondern lieber daheim in seinen vier Wänden

Bleiben,wo ihm mit hoher Wahrscheinlichkeit nie

Die Decke auf den Kopf fallen wird,solange

Das Unübersichtliche überschaubar bleibt

Ist soweit alles in Ordnung,es ist doch

Selbstverständlich,daß derjenige den Mist des

Kleinviehs mißachtet,der sich so überheblich

Und gierig zeigt,daß er vom Fell des erst noch zu

Erlegenden Bären den Löwenanteil für

Sich beansprucht,so schön es ist,wenn Menschen von

Ganzem Herzen und aus vollem Halse lachen

Können,so unschön kann es sein für einen,dem

In Hörweite gerade so gar nicht nach

Lachen zumute,wenn man Pech hat,kochen

Sogar die extra dafür angeheuerten

Spitzenköche auch nur mit Wasser,wer die

Gefräßigen Raupen nur deshalb nicht tötet

Weil er sie so eklig findet,kann sich doch nicht

Allen Ernstes guten Gewissens am Anblick

Der so prächtigen Schmetterlinge erfreuen

Besonders für einen auf dem Gebiet nicht so

Sehr Bewanderten können Steigerungsstufen
Allzu schnell zu Stolperfallen werden,der
Ewige Tod und das ewige Leben sind
Beide irgendwie unvorstellbar,der eine
Gefühlstechnisch,das andre logischerweise
Was für den einen gerade noch lesbar
Während es für den anderen unleserlich
Kann sich durchaus als lesenswert herausstellen
Ihm einfach ein angemessen reduziertes
Fassungsvermögen zugrunde zu legen,ist
Ein guter Trick,um das Leben erfüllter
Wirken zu lassen,entgegen einer der
Landläufigen Phrasen ist es vollkommen
Unmöglich,in der Zukunft anzukommen,so
Furchtbar gerne man auch dem geliebten Menschen
Seele und Charakter liebkosen würde,muß
Man doch immer wieder mit seinem Körper
Vorliebnehmen,kurz bevor das Langweilige
Langwierig wird,sollte man etwas dagegen
Unternommen haben,statt schlichtweg unlogisch
Zu sein,gehört es teilweise gar zum guten
Ton,daß ein alter Mann der Vater eines
Älteren Herrn,vor allem Totes läßt sich
Unheimlich schwer ins Leben rufen,nicht so
Richtig bei der Sache ist der,der die Welt schon
Nicht mehr versteht,wenn Aufrichtige abrichten
Der Vernunftmensch kämpft mit den Tränen gegen
Trockenheit,dagegen,daß sekündlich etwas

Von der Restlebenszeit abbröckelt,läßt sich auch

Mit Sekundenkleber nicht wirklich was machen

Wollen die moralisch Führenden die geistig

Zurückgebliebenen auch gegen ihren

Willen mitnehmen,sollten sie doch deren

Etwaigen körperlichen Vorsprung nicht

Unterschätzen,wird die Luft dünner für einen

Kann es dazu führen,daß plötzlich dicke Luft

Zwischen zweien,wodurch für einen die Luft oft

Noch etwas dünner wird,Pelzmäntel zu streicheln

Verringert das Verletzungsrisiko für Mensch

Und Tier,wer nicht mehr in den Spiegel schauen kann

Hat diesen möglicherweise einfach nur zu

Hoch gehängt,die Frage,ob der Neunmalkluge

Gebildeter,intelligenter oder

Einfach nur schlauer als der Siebengescheite

Hätte durchaus das Potential,sogar

Professionellen Denkern Kopfzerbrechen

Zu bereiten,die individuellen

Lebenseinstellungen beruhen zum Großteil

Auf überhastet zusammengekramten und

Notdürftig zurechtgebogenen Ideen

Anderer,sind dann erst einmal das Brathähnchen

Und das Spanferkel vom Aussterben bedroht

Dürfen Tierschützer auch auf die Unterstützung

Einiger sonst nur schwer zu Überzeugender

Hoffen,daß ein Unmensch auch nur ein Mensch,muß ein

Philanthrop einem Logiker wohl erst mal

Erklären,für einen,der alles doppelt sieht

Wäre es durchaus legitim,mit halben

Wahrheiten zu arbeiten,um auf diese

Weise sein Weltbild wieder zurechtzurücken

Die Geduldigen und Beharrlichen können

Nichts dafür,daß vor allem die Kurzatmigen

Einen langen Atem gut gebrauchen könnten

Gehen ständig alle Eselsbrücken den Bach

Hinunter,gerät doch wenigstens auch die

Eigene Vergeßlichkeit in Vergessenheit

Erst dann,wenn der Mensch vollends begriffen hat,daß

Er auch nur ein Tier ist,kann er versuchen,sich

Vollständig vom Tier abzugrenzen,um sich mit

Der Zeit in die angestrebte Ewigkeit

Hinüberzuhangeln,muß man eigentlich

Immer nur die nächste Sekunde übersteh'n

Zweizeilige Kurzweisheiten

Was die Gestorb'nen plötzlich alles nicht mehr
Brauchen,ist schon ein nachdenklich stimmendes Viel
Die Frage,lebst du noch,ist eine,die
Niemand wahrheitsgemäß verneinen kann
Wie den Tageszeitungen zu entnehmen,stirbt
Der älteste Mensch der Welt auffallend oft
Selbstredend treffen sich erhob'ner Vorwurf und
Gesenkte Stimme selten auf gleicher Eb'ne
Fleischliche Begierde kann einem schon die Lust
Auf Treue und feste Beziehung vergällen
Anatomisch bedingt,hat man das,was man sich
Hinter die Ohren schreibt,nicht mehr vor Augen
Schenkt man Schlagertexten Glauben,gibt es unter
Andrem viel zu viele schönste Frauen der Welt
Des Greises Rückkehr in den Mutterleib würde
Die Umkehrung der Entwicklung perfekt machen
Betrifft er nicht grade Herz oder Atem,hat
Der Stillstand kaum wirklich Bedrohliches an sich
Klugheit vorzutäuschen,ist unterm Strich nur
Wenig schwieriger,als sich dumm zu stellen
Nach jemands Tod geht das Leben weiter,wenn auch
Nur für die Lebenden,wenn auch nur vorerst
Nach ihrer Verabschiedung fällt die Begrüßung
Von Gesetzen leider oft wenig herzlich aus
Bildung bietet keinen umfassenden Schutz vor
Dummheit,vermag sie aber gut zu verschleiern
Selbst der Korpulenteste mag grade Hunger
Und somit doppelt unter Verhöhnung leiden

Der die Ausflucht aus dem Dasein Anstrebende

Weiß nie,was nach dem Selbstmord auf einen zukommt

Bei jemandem,der nicht einmal mit sich selbst

Mitleid hat,muß man mit jeder Schandtat rechnen

Wer etwas doppelt sieht,sieht am besten,was die

Ambivalenz der Duplizität voraushat

War es Gott,der die Erde für uns geschaffen

Hat,hat er sie durch uns wahrscheinlich bald geschafft

So mancher läßt sich von materieller

Zuwendung sogar beide Augen zudrücken

Nach den bisherigen Erkenntnissen stirbt man

Zwar äußerst selten,doch erschreckend nachhaltig

Sogar der vielbeschäftigte Schauspieler

Hat manchmal als Selbstdarsteller zu fungier'n

Bleibt er auf dem Boden,spürt selbst der Künstler,wie

Der andern Werke mehr beschwer'n als beflügeln

Bei allzu langer Erfolgsgeschichte kann man

Die Nase auch gleichzeitig vorn und voll haben

Das,was die Zeit Gedächtnis und Körper antun

Kann,würde man ihr am liebsten gar nicht zutrau'n

Verwesung als das natürlich Zweckmäßige

Verschreckt bloß den so prächtig gedieh'nen Menschen

Es sollte der kein Herrscher über ein Volk sein

Dürfen,der sich selber nur schlecht beherrschen kann

Wie man so und solange sieht,sterben stets erst

Die andern,bevor man selbst an der Reihe ist

Eine,womöglich gar die int'ressanteste

Der vielen Fragen der Zeit stellt sich zum Raum

Eindrucksvoller als mit der Lieblosigkeit droht
Die Liebe nur noch mit ihrer Beliebigkeit
Ein kleiner Trost ist doch,daß beim Tod wenigstens
Die biologische Uhr zu ticken aufhört
Die nachlassende Qualität gibt dem von der
Lebensquantität Ermüdeten oft den Rest
Jung zu sterben und lange zu leben,ist ein
Gern propagierter Plan,der kaum einmal aufgeht
Vor allem der Reiche lieber leugnet,daß das
Wertvollste nicht immer das Teuerste sein muß
Der schmale Grat liegt kaum irgendwo näher als
Zwischen Bemerkenswertem und Merkwürdigem
Der dazu Überlegungen Anstellende
Vergißt leicht,sich d'rüber Gedanken zu machen
Der gekünstelt künstlerisch Tätige bringt
Höchstens kunstvoll Künstliches zustande
Der nicht streng genug Gläubige fürchtet,daß er
Nur hofft,ein Leben nach dem Tod zu erleben
Daß es die wahre und einzige Liebe nicht
Gibt,darf man seinem Geschlechtstrieb schon glauben
In der Inszenierung des Unsichtbaren ist
Die Religion wahrhaftig unschlagbar
Sogar der willigste Geist hat einzuseh'n,daß
Der Körper letzten Endes macht,was er will
Die extremste und unerträglichste Form der
Fremdbestimmung hat Ermordeter erlitten
Wo dem sich vom Baum lösenden Blatt der Wind den
Weit'ren Weg aufzwingt,ist noch vieles in Ordnung

14

Es entlastet den Ehebrecher,daß Ehen

Oft auch ganz von allein und tatsächlich brechen

Wo Leib und Seele sowie Körper und Geist sich

Verbünden,bleibt allein die Ganzheit einsam

Vom falsch definierten Übermenschlichen ist

Es nur ein kleiner Schritt bis zum Unmenschlichen

Die Redegewandtheit stellt die Wortgewalt

Des der Aussagekraft Entbehr'nden dar

Die blinde Zerstörungswut wirkt gegen die ein

Klares Ziel vor Augen habende doch harmlos

Daß menschliches Versagen allzu oft

Tierisch nervt,ist nur allzu natürlich

Zur Not sorgt auch manch mitgeführter Stolperstein

Für ein Stück Vertrautheit auf ganz neuen Wegen

Unterdrückte Menschenrechte resultier'n aus

Von höchsten Stellen unterdrückter Menschlichkeit

Es kann der Feind sogar zum Freund werden,wenn man

Ihm Nützlicheres als Verletzungen beibringt

Um Leben ruhig ausklingen zu lassen,fehlt

Es Todbringendem meist an der Gemütlichkeit

Man hat praktisch todesmutig zu sein,will man

Seinen Lebensmut auch anschaulich demonstrier'n

Zur Beurteilung

Mit Sicherheit erliegt man einem Irrtum,wenn
Man glaubt,daß der,der viele Male nach kurzem
Nachdenken zugibt,etwas nicht zu wissen,dem
Immer gleich auf alles eine Antwort parat
Habenden an Klugheit unterlegen sein muß
Derjenige,den ein nicht erwiderter Gruß
Nie zum Nachsinnen über seine eig'ne an
Den Mitmenschen praktizierte Achtlosigkeit
Bewegen könnte,ist entweder ein wahrhaft
Guter Mensch oder einfach nur ein Ignorant
Manch einem kommt erst dann,wenn er den andern aus
Den Augen verloren hat,in den sorgenden
Sinn,daß er demjen'gen viel zuwenig Platz in
Seinem täglichen Sinnen zugestand,als er
Sich noch nicht dessen Anwesenheit beraubt sah
Jedes vorsichtshalber gleich verweigerte Ja
Das somit einem ersten fragenden Ansturm
Der sensationslüsternen Öffentlichkeit
Entzogen wird,erspart der wichtigen Person
Die anstrengendere Art des Dementierens
Selbst der zuhöchst Intelligente weiß nicht,ob
Der,dem er sich deutlich überlegen meint,sich
Nicht einfach nur mit der Unerkennbarkeit der
Absichtlichkeit in seinem erkannten Dummsein
Seine geistige Vormachtstellung demonstriert
Zum Ärger der Nachsicht Übenden animiert
Der Umstand niemals erfahr'ner Vorhaltungen
Hinsichtlich seiner eigenen negativen

Charaktereigenschaften so manchen dazu
Diese bei seinen Mitmenschen anzuprangern
Durch die entsprechenden Reaktionen der
Richtigen Zuhörerschaft lassen sich alle
Persönlich erlitt'nen Unglücke der davon
Bericht Gebenden im nachhinein zumindest
Zeitweilig in glückliche Umstände verkehr'n
Leider ist es oft gerade das allzu fern
Geleg'ne,dem unter beträchtlichem Verlust
Der größere Teil der emotionalen
Widmungen entgegengebracht wird,welcher beim
Nächsten schließlich besser aufgehoben wäre
Es ist die Beständigkeit der hoffnungsfrohen
Aussicht auf abenteuerlich umkleidete
Erfahrungen,die dem letztlich erlebnisarm
Lebenden auch den Vorzug der Kleinmütigkeit
Seines Unternehmungsgeistes vor Augen führt
Die Anerkennung,die ihm zumindest gebührt
Nicht so sehr zu vermissen,daß es sein Schaffen
In irgendeiner Weise beeinträchtigen
Oder gar gefährden könnte,darin besteht
Die eigentliche Kunst des verkannten Künstlers
Mit Dankbarkeit zu würdigen ist die Leistung
Desjenigen,der gegen den stetig droh'nden
Vorwurf der Heuchelei verletzende Wahrheit
Zugunsten Rücksicht nehmender Unehrlichkeit
An richtiger Stelle zu vermeiden vermag
Oft sind es noch die,die den allzu fernen Tag

Der Gerechtigkeitseinkehr am inbrünstigsten
Herbeisehnen,die dessen Entfernung durch ihr
Den eigenen Begünstigungen folgendes
Erliegen noch um Jahre anwachsen lassen
Wer sich seiner Vorfreude auf gerngepflegte
Gewohnheiten trotz der schon vertraut geword'nen
Enttäuschung bei seinen Nachbetrachtungen stets
Sicher sein darf,gerät dabei kaum einmal in
Gefahr,sich vor seiner Zukunft zu ängstigen
Schon daraus,daß der Eifersucht die übleren
Vergehen im Vergleich zum Neid entspringen,läßt
Sich erseh'n,daß die menschlichen Zuwendungen
Sich eben doch einer höheren Wertschätzung
Erfreu'n als alle materiellen Güter
Auch wenn er sich von gutem Willen begleiten
Läßt,kann einem der Weg,der ihn ins Herz eines
Anderen führen soll,durch den mitgeführten
Ballast aus Eitelkeit und Dünkel noch so sehr
Erschwert werden,daß er nie an sein Ziel gelangt
Nur dem,der im stillen in tiefstem Herzen bangt
Und trauert,kann es überhaupt möglich werden
Die vielfältigen Botschaften von wahrhafter
Sorge und wirklichem Seelenschmerz in ihrer
Schier lautlosen Ungetrübtheit zu vernehmen
Eine im wesentlichen unergründbare
Fehlentwicklung der Sichtweise hat den Großteil
Der Menschheit anscheinend vergessen lassen,daß
Nichts den Leib wirkungsvoller schmückt als dessen von

Keinerlei Schmuckstück umzwängte Natürlichkeit
Würde der nie zu entscheidende Widerstreit
Konträrer Ansichten öfter einmal im Kopf
Einer ermächtigten Person vonstatten geh'n
Könnte sich die Anzahl verlustreich geführter
Auseinandersetzungen deutlich verringern
Das ach so milde belächelte Zeigen von
Bis in höheres Alter hinein bewahrter
Und dem kindlichen Übermut gespendeter
Unbeschwertheit darf sich dabei wohl getrost als
Die weniger große Peinlichkeit ansehen
Wer meint,sich unbedingt eine Festung für den
Gelegentlichen Rückzug von seinen trauten
Beziehungsfeldern errichten zu müssen,der
Sollte wahrlich achtgeben,daß er dies nicht schafft
Indem er Lug und Trug um sich herum auftürmt
Wie schnell wäre doch die ohne absehbares
Ende als massiv Überlegene ihre
Triumphe verfolgende Modegläubigkeit
An Absurdität zerschellt,wenn sich keiner mehr
Erdreisten würde,dem Strom entgegenzusteh'n
Wehmütig in schönen alten Erinn'rungen
Zu schwelgen,stellt in einer weniger schönen
Gegenwart doch eigentlich nur den angenehm
Unaufdringlichen Versuch dar,einer Zukunft
Erneuerndes Wohlwollen nahezulegen
Wenn irgend etwas die gewordene Herrschaft
Des Menschen über den Planeten Erde vor

Dessen natürlichem Untergang beenden
Wird,wird es die gefährliche Ausgeburt des
Grundes seiner Herrschaftsfähigkeit sein,der Wahn
Dem,der sich gleich im Glauben wiegt,Gutes getan
Zu haben,wenn das Aufrechnen von Leistung und
Gegenleistung ihn zu dem Ergebnis führt,schlecht
Dabei weggekommen zu sein,muß man es auch
Nachseh'n,wenn er sich seiner Nächstenliebe rühmt
Wenn die Suche nach einer befriedigenden
Möglichkeit des jenseitigen Existierens
Überhaupt zu etwas führen mag,dann nur zur
Erkenntnis,daß das diesseitige geistige
Vermögen für ein Finden nicht ausreichen kann
Die Kraft,die den tiefer Sinnenden nie ganz an
Den Welten und den vom Schicksal Gemarterten
Nicht am Leben verzweifeln läßt,bewahrt dieser
Menschheit mit sich wenigstens das eine große
Geheimnis,das jedem Gott noch Heimstatt sein darf
Man fälle sich ein Urteil darüber,ob es
Trotz eines dadurch vermehrten Arbeitsaufwands
Beim jeweiligen Ausformulier'n nicht gegen
Seriosität und Glaubwürdigkeit solcher
Als Spruchweisheiten konzipierten Sätze spricht
Wenn die Silbenanzahl dieser vereinheitlicht

Aphoristische Bruchteile

Aufzubrechen,während man sich auf dünnem Eis
Befindet,kann schnell nach unten losgeh'n,jeder
Der an der eigenen Lebensgeschichte schreibt
Hat einzuseh'n,daß sich der automatische
Zeilenumbruch nicht ausschalten läßt,nicht jeder
Beherrscht die Kunst,die bei einem Aufbruch oder
Einem Umbruch anfallenden Bruchteile zu
Etwas funktionsfähigem Neuem
Zusammenzufügen,vom Aufbruch zu neuen
Ufern träumt der leicht seekrank Werdende nur im
Traum,plant er in Aufbruchsstimmung einen Ausbruch
Ist der selbsternannte Abenteurer doch nur
Gefangener,die Fragmente gebrochener
Worte füllen Bände,die bestehende
Ordnung muß jederzeit darauf hoffen,daß ein
Umbruch dem Umsturz zuvorkommt,schon vor seinem
Ersten Gang zum Brunnen muß der Krug erst mal
Aufbrechen,wer meint,es könne doch nicht so schwer
Sein,die Zelte abzubrechen,der sollte die
Abbrucharbeiten an Beziehungen niemals
Unterschätzen,all das Bahnbrechende muß nicht
Immer unbedingt auch schon zielführend sein

Menschen zwischen Wortmeldungen

Die Weisheit,die ein Lesender aus den Worten
Eines meist in durchaus gutem Glauben an die
Mitteilenswerte Kreativität seines
Geistes formulier'nden Schreibenden als wahrhaft
Treffliche neu für sich zu erschließen vermag
Führt unweigerlich die drohende Möglichkeit
Mit sich,daß beider Mühe und Erfolgsgefühl
Von bereits vorherigem Vorhandensein im
Sich schon längst unüberschaubar hinbreitenden
Besteh'n der festgehaltenen Betrachtungen
Befähigter Denker,wenn auch nur unbemerkt
So verhöhnt,mit Vergeblichkeit und Nichtigkeit
Belegt,Mensch,daß der vielbeschworene feste
Glaube an irgend etwas manchmal tatsächlich
Außergewöhnliches zu bewirken vermag
Läßt sich ja unglücklicherweise für dessen
Zumeist unbeachtetes sanftes Walten in
Einem unabhängigen,klaren Verstand schon
Daran sehen,daß die Massenbewegungen
Wahnsinniger menschlicher Individuen
Stets die nachhaltigsten Erschütterungen und
Eindrücke verursacht haben,Mensch,hinter der
Nicht ernsthaft zu bestreitenden Bereicherung
Des täglichen Lebens haben die modernen
Massenmedien auch jene lang verborg'nen
Formen von menschlicher Manipulierbarkeit
Zutage gefördert,deren erschreckenden
Auswüchsen aus den Reihen der Betroffenen

Wohl nicht einmal mit Selbsterkenntnis begegnet

Werden kann,solange die Eindringlichkeit des

So Gezeigten und Angetrag'nen nicht dazu

Genutzt wird,dem weitreichenden Götzenstatus

Die entscheidende,zur Gesundung führende

Schwächung beizubringen,Mensch,all den geistigen

Leistungen der Menschheit,die sich im Laufe der

Jahrhunderte in zusehends rasanterer

Entwicklung zur allumfassend bestimmenden

Komplexität verdinglicht haben,als letztlich

Immer der Selbstbehauptung unterworfenes

Individuum nach jener allmählichen

Freisetzung aus jugendlich unbelasteter

Umschirmung,die auf der Selbstverständlichkeit der

Dinge aus naiveren Sichtweisen heraus

Beruhen darf,mit zwar hochstehender,doch zu

Passivität verurteilter Intelligenz

Gegenübersteh'n zu müssen,ist nun einmal

Der gern verleugnete hohe Preis für jene

Stetige Verbesserung der rein physischen

Daseinsbedingungen,den einem der Umstand

Des spät'ren Geborenseins abzuverlangen

Hat,Mensch,jene jedem geistigen Erfassen

Unendlich zu erscheinen habende Vielheit

Der Thematiken aus allen Geschehen und

Sämtlichen theoretischen Belangen,zu

Deren jeweils relevanten Exponaten

Sich die einzelnen ihre ob verschiedenster

Möglichkeiten der Einflußnahme der eig'nen
Umwelt selten unerschütterlich und bestimmt
Niemals endgültig festgefügten Meinungen
Errichten,dürfte man zweifelsohne als den
Dominanten Beweggrund für das friedliche
Gegeneinander anseh'n,das der Daseinslust
Als wesentlicher Faktor dient,Mensch,eine sich
Auch noch so anerkannt und beliebt wähnende
Person kann in den Zeiträumen,in denen sie
Physisch nicht ihrem Freundeskreis angehört,nie
Völlig sicher sein,nicht vielleicht doch in gleicher
Weise verbal mißhandelt zu werden,wie dies
Möglicherweise sogar unter eigener
Aktiver Mithilfe gescheh'n,wenn sie wieder
Einmal miterlebt,wie die Achtung vor einem
Grade Abwesenden einer momentanen
Stärkung des Zusammenhaltes aller grade
Anwesenden zu solch allzu eitlem Opfer
Gefallen,Mensch,ein in wohl wahrstem Sinne des
Wortes anschauliches Beispiel für häufiges
Zitier'n durchaus rechtfertigende Bedeutung
Des goldenen Mittelmaßes stellt der wohl schon
Oft genug wahrgenommene Umstand dar,daß
Eigentlich jeder,der nicht gerade unter
Seinem Aussehen zu leiden hat,bei jedem
Gewollten öffentlichen Auftritt merkbare
Beachtung in Form von angemessen lange
Auf seinem Äußeren verweilenden Blicken

Erstrebt und sich von ihn scheinbar Ignorier'nden
Regelrecht beleidigt fühlen kann,jedoch ein
Überschreiten des als günstig empfundenen
Zeitmaßes des Angeschautwerdens ihm schnell den
Eindruck vermitteln kann,nur das Ziel verdeckter
Aggression zu sein,Mensch,von vorrangiger
Bedeutung für die Güte einer Aussage
Sind keinesfalls deren schriftliche Ausmaße

Alle unsere Sinne

In Anbetracht der Tatsache,daß sich der Mensch
Ohne Hilfsmittel nicht selber ins Gesicht seh'n
Kann,wirkt seine Eitelkeit schon bewundernswert
Wer als unterwürfiger Befehlsempfänger
Durchs Leben geht,wird nie erfahren,wie es sich
Anfühlt,nicht mal auf seinen Namen zu hören
Oft genügt es schon,die Nase etwas tiefer
Zu tragen,um wahrzunehmen,daß der Gestank
Doch nichts weiter als des Übelriechenden Duft
Liegt einem etwas nur lange genug auf der
Zunge,sollte es ihm zumindest möglich sein
Langsam auf den gesuchten Geschmack zu kommen
Wer das Fingerspitzengefühl mit dem Tastsinn
Gleichsetzt,darf sich letztlich nicht wundern,wenn man ihm
Mit harten Gegenständen auf die Finger haut
Kostümierten Sinnen vor blankem Entsetzen
Nimmt man einen sechsten oder siebten ihrer
Art leichter ab als flieh'ndem Raucher ein Bein

Übers Begegnen und Treffen

Ein Aphoristiker am Beginn seiner
Laufbahn,der den großen Lichtern nicht im Dunkeln
Begegnen möchte,sollte selbst wenig
Erhellendem anfangs nicht aus dem Weg geh'n
Der allzu Unsichere vereinbart
Am besten ein Erkennungszeichen
Mit der Entscheidung,die er treffen soll
Gerade die sich auf Augenhöhe
Begegnenden sind es,die einander rein
Aus Verseh'n allzu oft blind vertrauen
Wollen sich zwei Rechthaber mit konträren
Weisheiten irgendwo in der Mitte treffen
Empfiehlt sich ein Begegnungszentrum
Wer Begegnendem nicht mehr als das
Nachsehen geben kann,sollte sich vor
Einem Wiedersehen vorsehen
Wo er auf verständnisvollen Geist trifft,darf des
Neunmalklugen Satz einfach Aphorismus sein

Übers Belügen und Täuschen

Letztlich siegt immer die banale Erkenntnis
Daß Lügen und Täuschungen auch nicht das Wahre
Muß man einer Notlüge dankbar sein
Weil sie die elendige Wahrheit verschleiert
Enthüllt sich das ganze Ausmaß der Misere
Daß Lügendetektor'n der Wahrheitsfindung
Dienen,ist keine wörtliche Täuschung
Gebogene Balken sind typisch
Für ein veritables Lügengebäude
Und ideal für dessen Statik
Daß Menschen einander ständig belügen
Betrügen und täuschen,das darf leider wahr sein
Herrschen so unglaublich dunkle Zeiten
Daß die Wahrheit nicht ans Licht kommen kann
Muß sie eben deren Ende abwarten
Jede ins Rennen geschickte Wahrheit wird
Irgendwann von der Realität eingeholt
Die Beine der Lügen sind lang genug
Um damit in alle Bereiche
Zwischen den Menschen vorzudringen
Der erfolgreichste Lügner ist der
Der die meisten Wahrheiten im Angebot hat
Es braucht schon mehr als einen Lügner
Um eine Verschwörungstheorie
Auch in die Praxis umzusetzen
Wer behauptet,von der Wahrheit nie enttäuscht
Zu sein,der lügt,wirkt sie täuschend echt,wurde
Die Lüge wahrscheinlich als Wahrheit deklariert

Wenn man sich nicht irrt,sind das Belügen und das
Täuschen menschlich,die optische Täuschung begrüßt
Der Optimist als andre Sicht auf die Dinge
Wer mit in ein Täuschungsmanöver zieht
Findet sich am Ende nicht selten
In allzu realem Krieg wieder
Nicht jeder,der die ganze Wahrheit erfahr'n will
Gibt sich mit zwei Halbwahrheiten zufrieden
Die sympathischste Täuschung ist immer noch die
Wenn man statt anderer nur sich selbst getäuscht
Es sich eingesteht und auch vor andren zugibt
Daß immer nur die Gegenseite die ganzen
Lügen verbreitet,ist nur die halbe Wahrheit
Das Belügen und das Täuschen sind in
Wahrheit lediglich gescheiterte Versuche
Sich gewaltlos Vorteile zu verschaffen
Je bitterer die Wahrheit,desto
Kleiner der Ekel vor dem Lügenmaul
Ein Suchender,der nicht einmal an der
Glaubwürdigsten Lüge Gefallen findet,muß
Eben mit der schnöden Wahrheit vorliebnehmen
Was einen guten Lügner auszeichnet,ist
Die erfolgreich vorgetäuschte Wahrheitsliebe
Muß man erst zu tief ins Glas schauen,um im Wein
Die Wahrheit liegen zu sehen,ist es
Nüchtern betrachtet,auch nicht das Wahre
Sich nicht täuschen zu lassen,kann doch nun wirklich
Nicht die Aufgabe des sterblichen Menschen sein

Das hätte er so nie gesagt

Wer sich einsilbig gibt,macht wenigstens keine
Betonungsfehler,vor allem außerhalb der
Glaubensgemeinschaften fragt man sich doch,was
Religionen und Kirchen denn eigentlich
Mit eventuell existenten Gottheiten
Zu tun haben sollen,einerseits ist die
Emanzipation der Frau eine gute
Sache,andererseits ist sie der Anstoß für
Eine schleichende Ausrottung allzu
Zivilisierter Volksstämme,man kann durchaus
Auch versehentlich das Richtige oder
Gutes tun,es ist eine weitverbreitete
Kunst,zwar nicht viel bis gar nichts,dafür aber
Immer alles besser zu wissen,wer es nicht
Hören kann,wenn die Pflicht ruft,hat diese vielleicht
Vorher in die Wüste geschickt,es besteht die
Gefahr,daß für oder gegen irgend etwas
Gesetzte Zeichen den Blick auf manches
Wesentliche verstellen,hoffentlich muß sich
Der gläubige Christ nach seinem Tod nicht sofort
Entscheiden,ob er in Frieden ruhen oder
Doch lieber auferstehen möchte,des Menschen
Für den Mitmenschen eher abstoßende
Hautmakel sind auch erst nach dem Verlust seines
Ganzkörperfells zum Thema geworden,ein
Häufchen Asche ist unterm Strich schon ein bißchen
Wenig für einen sterblichen Überrest,es
Ist eine ganz spezielle,auch für

Zyniker geeignete Abart von
Ausgleichender Gerechtigkeit,wenn sich jemand
Mit unterschlagenem Wagen überschlägt,es
Kann sowohl der böse Nachbar als auch der nach
Außen hin Frömmste sein,der sich wünscht,daß den
Allzu Freiheitsliebenden der Schlagbaum treffen
Möge,dem menschenscheuen Menschenfresser schmeckt
So ein Menschenauflauf einerseits vermutlich
Gar nicht,andererseits möglicherweise
Vorzüglich,auch wenn es nicht allen gefallen
Mag,so ist doch das weibliche Geschlecht weltweit
Das einzige mit der Fähigkeit,Kinder zur
Welt zu bringen,mit etwas gutem Willen läßt
Sich auch heutzutage noch erahnen,daß
Damals während der Konstruktion der
Verschiedenen Religionslehren neben
Der Phantasie eine Menge Flachs geblüht
Haben dürfte,jemanden zu fragen,ob man
Eigentlich auch irgendwo einsickern kann,wenn
Man gerade nicht flüssig,wäre ein Beispiel
Für eine kontrovers zu diskutier'nde,durch
Den umgangssprachlich aufgelockerten Umgang
Geförderte Verharmlosung solcher ernsten
Themen,wird einer in schroffem Ton gefragt,was
Ihm denn einfalle,ist es leider eben auch
Manchmal eines von seinen Luftschlössern,um
Jemandem die Freude an einer runden
Sache zu vergällen,genügt es oft schon,ihm

Deren Eckpunkte zu nennen,es ist das
Selbstgewählte Schicksal des Atheisten,nach
Seinem Ableben so oder so keine
Genugtuung zu erfahren,das Vogelhaus
Als Begriff ist die so stehenzulassende
Zusammensetzung aus dem Inbegriff der
Immobilie hinter dem Inbegriff des
Meisters der Mobilität,Bäume benötigt
Der spirituell unterwanderte
Pragmatiker höchstens,um die Erde von
Mächtigen Wurzeln durchwirkt zu wissen und um
Den Wind sichtbar zu machen,besonders im
Stillen Kämmerlein deutet der Insasse
Eine gute Ausleuchtung oft vorschnell als
Erleuchtung,einmal hineingetreten,sollte
Man die Gelegenheit nützen und gleich noch
Ausprobier'n,ob man sich gegebenenfalls im
Fettnäpfchen auch suhlen könnte,wer neben der
Publikumswirksamkeit auch noch seine
Glaubwürdigkeit erhöhen möchte,sollte
Seine Ausreden doch gleich von einem Pult aus
Zum besten geben,auch der,der es nie im
Leben bis an die Hochschule geschafft,hätte
Doch normalerweise zumindest ein
Studium seiner Umwelt mitsamt den darin
Vorkommenden Menschen vorzuweisen,wenn zwei
Bei einem bestimmten Thema,zu welchem der
Eine des anderen Meinung teilt,geteilter

Meinung,ist die Widersinnigkeit darin wohl

Nicht für jeden auf Anhieb zu entdecken,so

Manche Unterschrift ist derart kunstvoll zu

Papier gebracht,daß man förmlich die Signatur

Darunter vermißt,vergebens sucht man unter

All dem individuell in die Wiegen

Gelegten ein auch für die Allgemeinheit

Relevantes Merkmal,anhand dessen die

Lebenden sicher von den Untoten zu

Unterscheiden,nicht nur für potentielle

Schänder ist es wenig hilfreich,immer nur den

Kindesmißbrauch anzuprangern,ohne einmal

Deutlich aufzuzeigen,wie denn nun eigentlich

Kinder ordnungsgemäß zu gebrauchen,man kann

Als einfacher Erdenbürger doch nun wirklich

Nicht jeden Weltberühmten kennen,sein,wie es

So schön heißt,ganzes Leben,das er noch vor sich

Hat,nicht nur vor sich herzuschieben,ist eine

Kunst,deren Beherrschen man von solchem

Unerfahrenen Jugendlichen wirklich nicht

Verlangen kann,ist es des mit weißem Kragen

Erwerbstätigen Aufgabe,gefundene

Skelette zu begutachten,ist es sein

Gutes Recht,dabei von Knochenarbeit zu

Sprechen,in einer vielschichtigen Welt,in der

Sich Filme durch Zeichentricks dazu animier'n

Lassen,unterhaltsam zu sein,darf man zwar

Keine allzu hohen moralischen

Ansprüche an die Gestalter des realen
Lebens stellen,dafür aber jederzeit auf
Vergnügliche Stunden mit gelungenen
Vorführungen hoffen,wer sich mit seinem
Gewissen an einen Tisch setzen will,sollte
Sich zunächst einmal vergewissern,ob er ihm
Überhaupt einen Stuhl anbieten kann,der,der
Medikamentenabhängig,kann sein
Geringeres Ansehen bei den Mitmenschen
Im Vergleich zu dem auf Medikamente
Angewiesenen bei Bedarf auf die
Spitzfindigkeiten im Sprachgebrauch schieben,an
Den allgegenwärtigen Begriffen
Sprechstunde und Schweigeminute läßt sich die
Wahre Gewichtung und Wertigkeit der so
Gegensätzlichen Ausdrucksformen leicht
Ablesen,es ist kein Wunder,daß die als
Heilige Verehrten,von denen Gebeine
Noch als Reliquien im Umlauf,sich im
Nachhinein als Menschen mit überdurchschnittlich
Vielen Knochen im Leib erwiesen haben,wer
Anderem vorwirft,zuwenig oder nichts aus
Seinem Leben gemacht zu haben,sollte sich
Lieber fragen,warum und wie man aus etwas
Mehr machen soll,als es ist,für den,der dazu
Neigt,sich Sachen andrehen zu lassen,gilt es
Vor allem bei Windeln und Öltankern darauf
Zu achten,daß es keine Auslaufmodelle

Nicht gerade unstreitig

Wer ein Händchen dafür hat,führt selbst mit der
Streitaxt eine feine Klinge,am liebsten sind
Der Obrigkeit die,die ihr so widerspruchslos
Gegenübersteh'n,daß sie nichts als ihren
Lebensunterhalt bestreiten,gegenüber
Einer Streitmacht befinden sich Streitkräfte in
Der Überzahl,wenigstens auf den ersten Blick
Ist der Streithammel der passende Vermittler
Zwischen Sündenbock und Unschuldslamm,daß der am
Besten lacht,der dieses zuletzt tut,finden
Manche zum Schießen,bei dem es sich eher
Umgekehrt verhält,falls scharfe Munition
Verwendet wird,wenn zwei sich streiten,ist der
Dritte im Bunde ein potentieller
Bündnispartner,entpuppen sich Mitstreiter als
Mitläufer,werden ganze Streitparteien zu
Einzelkämpfern mit Heldenpotential
Therapieresistente Streitsüchtige
Machen einander sogar Unstrittiges
Streitig,wenn sich ein Streithansel,ein Streithammel
Und ein Streithahn siegreich duellier'n,haut ein
Abgehacktes Lachen nach dem Streit bestens hin

Ist doch wahr,oder

Wie dumm muß man eigentlich sein,zu glauben
Irgend etwas mit Sicherheit zu wissen,wer
Behauptet,enthauptet worden zu sein,der lügt
Selbst jemand,den der Himmel geschickt hat,kann sich
Ungeschickt anstellen,kommen Sklaven als
Vollgepackte Träger von Ausrüstung und
Proviant nur schleppend voran,ist einiges
Noch in Ordnung,im besten Fall sucht gebranntes
Kind so lange die Konfrontation mit dem
Feuer,bis dieses entnervt ausgeht,schon,weil
Selbstjustiz als veraltete Technik gilt
Empfiehlt es sich,die Polizei einzuschalten
Um Verbrecher auszuschalten,wenn alle
Stricke reißen,kann man ja immer noch an
Einem Strang ziehen,wer seine genossene
Ausbildung dazu nutzt,andere gut
Auszubilden,darf sich ruhig etwas darauf
Einbilden,Frauen,die ihre Ehemänner
Nicht liebhaben,benötigen Liebhaber,es
Gibt Zahllose,die Unzähliges für
Unbezahlbar halten,leider ist das,was sich
Zurückgesetzt fühlt,nicht immer ein Kraftfahrzeug
Die Sitzplätze neben dem Thron vernichten
Wenigstens weiteren Raum für die ach so
Unbeliebten Stehplätze,sogar Frauen mit
Einfluß können unter Ausfluß leiden,wäre
Hypochondrie eine Krankheit,hätten davon
Betroffene ja recht,welch immenser Aufwand

Zur Überwindung all der Hindernisse doch

Betrieben wird,um am Ziel des Lebensweges

In die alles verschlingende Schlucht zu stürzen

Mit Blick auf die Zukunft ist selbst erneut

Erneuertes schon wieder so gut wie

Veraltet,Schlafende soll man nicht aufhalten

Sie könnten auf dem Weg ins Land der Träume sein

Die belebte Natur ist der belebten

Natur Feind,manch einer verfügt schlichtweg nicht

Über die dafür notwendigen Mittel,um

Einem anderen den Schneid abzukaufen,will

Man Eindruck schinden,sollte man schon etwas mehr

Als nur die eigenen Schuppen schultern können

Hat man eine allzu gute Übersicht

Übersieht man auch mal allzu leicht was,ist die

Ansammlung von Unübersehbarem

Überschaubar,bekommt man möglicherweise

Gar nicht so viel zu Gesicht,der eingefleischte

Sadist stößt selbst die attraktivste Frau von der

Bettkante,wer keine Träume mehr hat,ist

Endlich aufgewacht,so ein gebrochenes Herz

Ist jedenfalls kein Beinbruch,lieber in Tränen

Aufgelöst als in Salzsäure,die Frage ist

Ob das mit einer gezeigten Harke

Ausgeführte gerecht sein kann,wer bei Sturm sät

Riskiert eine windige Ernte,bleibt trotz

Massiver Ausbeutung die Ausbeute gering

Läuft grundsätzlich etwas grundverkehrt,leider wird

Den Leidtragenden nie gesagt,wohin sie das
Ganze Leid tragen sollen,wenn man immer schön
Auf seinen Körper hört,reden einem die
Altersbeschwerden das Leben mit der Zeit aus
Ist er wenigstens höflich,bietet der für nichts
Zu Begeisternde den Ovationen
Sitzplätze an,wer beherzt oder beseelt
Oder begeistert ist,kann ganz bestimmt nicht
Besonnen handeln,eine Schwangerschaft ist vor
Allem kein Kindergeburtstag,wer viel weiß,weiß
Wahrscheinlich auch,wie irrelevant das Glauben
Wirklich ist,ein Tropfen auf den heißen Stein ist
Erst so richtig verschwendet,wenn er das Faß zum
Überlaufen bringen hätte können,eine
Beerdigung als Beendigung eines
Oberirdischen Vorhandenseins erscheint
Vollkommen logisch,Flugzeuge kommen
Gelegentlich an den Himmel,Piloten
Womöglich sogar hinein,gegebenenfalls
Muß man schon höllisch aufpassen,damit die
Ruhe nicht vorzeitig himmlisch wird,wenn erst
Machtzentrum und Schaltzentrale fusionier'n
Sitzt der Machtlose schon längst am kürzesten
Hebel,gar fürchterlich lahmt der Vergleich,der das
Vergleichen mit dem Gleichsetzen gleichsetzt,wer zu
Neuen Ufern aufbrechen will,hat Pech,hat er
Nur die Wahl zwischen dem rettenden und dem
Andern,das Zweifelhafte am Zauberhaften

Ist ebenso angebracht wie die Henkel an
Den Tassen für Heißgetränke,Knollennasen
Im Gesichtsfeld dürften den Kartoffelbauern
Nicht weiter stören,wer ihnen nicht sonderlich
Wohlgesonnen,könnte Ferkelerzeuger schnell
Mal als Sodomisten mit unerfüllbaren
Erwartungen abstempeln,Ästhet und
Pragmatiker sind prädestiniert dafür,sich
Über den Wert einer zeitlos schönen Uhr zu
Streiten,wem in den eigenen vier Wänden die
Decke auf den Kopf fällt,hat gegebenenfalls
Als Bauherr versagt,dem mit offenen Augen
Durch die Welt Gehenden,der nicht will,daß ihm
Etwas gleich ins Auge fällt oder sofort ins
Auge sticht,leistet eine Schutzbrille gute
Dienste,zwecks Begutachtung eines Augapfels
Oder eines Adamsapfels einen
Pomologen zu konsultier'n,wäre etwas
Übertrieben,gäbe es Zyklopen mit
Blauen Augen,wären sie nur halb so
Blauäugig wie normale Menschen mit der
Entsprechenden Augenfarbe,die trotzdem oft
Mit einem blauen Auge davonkommen
Entschließen sich Ewiggestrige doch einmal
Dazu,mit der Zeit zu gehen,sollten sie
Ausschließen können,daß sie beim Anblick von
Altrosa Neurosen entwickeln,hat sich das
Kaninchen vor der Schlange in Sicherheit

Gebracht,läuft es immer noch Gefahr,in der
Grube als Versuchshäschen herhalten zu
Müssen,findet jemand,der unbedingt wissen
Will,wie spät es ist,eine Uhr,vergeht zwischen
Dem Auflesen und dem Ablesen bestimmt nicht
Viel Zeit,den Deckel d'rauf zu machen,nachdem man
Den Sack zugemacht,führt zur Erkenntnis,daß selbst
Bestens gemeinte Übertreibungen nicht
Unbedingt immer einwandfrei funktionier'n
Neben dem Darm ist es auch der Blase
Scheißegal,wohin sie entleert wird,wer sich
Keinen Kopf darüber macht,wenn er den Kopf
Verliert,reagiert wohl auch sonst öfters kopflos
Wer sich seiner Verantwortung entzieht,zieht sich
Den Unmut derer zu,die ihn nur allzu gern
Wieder zurückschieben würden,anatomisch
Ansonsten unauffällig,haben viele
Erbberechtigte statt mit den Todgeweihten
Erbarmen Erbarme mit aufgehaltenen
Händen daran,der Unterschied zwischen
Leitenden und leidenden Angestellten ist
Doch oft kaum größer,als es die Phonetik
Hergibt,schön blöd,wer sich von einem Hirngespinst
Unterdrücken läßt,erst recht,wenn es nicht mal das
Eigene,eine Seele von Mensch,so heißt es
Gewiß auch mal über jemanden,der
Gewissenlos mit den Seelen von Menschen
Umgeht,daß zum Menschenauflauf immer auch ein

Individuensalat angerichtet wird
Schmeckt bestimmt nicht jedem,läuft es besonders dumm
Kann es sogar mal passier'n,daß etwas total
Angesagtes komplett abgesagt wird,in
Letzter Konsequenz ist selbst ein Menschen
Tötendes Virus Gottes Geschöpf,an einem
Mit einem Fluch belegten Brot soll man sich
Vermutlich die Zähne ausbeißen,ist der Weg
Das Ziel,ist es ausgesprochen zielführend
Über Umwege auf Irrwegen unterwegs
Zu sein,wer sich sicher genug auf dem Boden
Der Tatsachen bewegt,darf es ruhig mal
Wagen,Butterfahrten auf Milchstraßen zu
Unternehmen,ein bildender Künstler sollte
Einem Gebildeten nichts vormachen können
Selbst die beeindruckendsten Werke berühmter
Maler sind nichts weiter als Sachbeschädigung
Betrachtet man es aus Sicht der Leinwände

Also denkt d'ran

Versuchskaninchen sollten keine Angsthasen
Sein,feilgehalt'ne Maulaffen könnten sich
Wahlweise lediglich Augen oder
Ohren zuhalten,die weibliche Brust ist im
Grunde auch bloß auf eine mit Wölbung
Unterlegte Warze zurückzuführ'n,sogar
Das bunteste und prächtigste Gefieder
Erregt brennend noch mehr Aufmerksamkeit,der
Lesende Mensch scheint zwischen Eselsohren und
Ohrensessel schon ziemlich gut aufgehoben
Das Herz könnte als Querschläger durchaus für
Rhythmusstörungen verantwortlich sein,so
Manche Spende der Reichen für die Ärmsten soll
Vielleicht nur als mögliche Absicherung für
Den Fall ungünstiger Wiedergeburt dienen
Die Wertschätzung zeitigt doch immer nur
Allzu ungenaue Werte und
Resultate,mancherlei eigentlich für die
Händische Benutzung Hergestelltes findet
Als Hingestelltes dann höchstens noch als Blickfang
Verwendung,trotz eines vom Balkon aus niemals
Zu seh'nden Nachbarorts kann einem der sofort
Ins Auge fallende Mond nicht näher sein,man
Könnte zum Zwecke mehr oder minder großer
Verwirrung der Wasser Tiefen gegen ihre
Untiefen ausspielen,mit der Kreuzfahrt mit dem
Kreuzzug über den Kreuzweg wäre das Ziel auch
Nicht nur rein verkehrstechnisch leicht zu verfehlen

Man kann sowohl viel Aufheben als auch einen
Großen Bogen um die sowieso
Verschied'nen Geschmäcke machen,Bello und
Hasso geh'n trotz ihres wesentlich
Häufigeren Gebrauchs für manch andere
Rasse natürlich auch als Spitznamen durch
Jeder unbedingt vollständig vor
Seinen Herrn treten Wollende will von
Amputationen und Organentnahmen
Am eigenen Leib nichts wissen oder gar spür'n
So ein Zwanzigtonner würde aus der
Trefflichen Begegnung mit so einem
Achtzehnender wahrscheinlich gar nicht einmal so
Knapp als Sieger hervorgeh'n,ein angeh'nder
Anwalt ist im Falle einer forschen
Herangehensweise im Zuge aktiver
Prozeßbeteiligung keiner mehr im Sinne
Eines erst künftigen Advokaten,nicht
Immer sind die Romane geradezu
Verschlingenden auch gleichzeitig die sich vor
Gedichten Ekelnden,also,es muß ja nun
Nicht mindestens einmal wöchentlich sein,denkt d'ran

Altbekanntes umformuliert

Dem Seligen fällt es leicht,die Hoffnung als das
Glück des Unglücklichen durchgehen zu lassen
Von dem Maulfaulen darf der mundtot Gemachte
Keine Worte des Bedauerns erwarten
Erweist sich der eig'ne Schatten als zu hohe
Hürde,liegt es oft auch nur an der Lichtquelle
Der Mensch sei entschuldigt,wo es nicht einmal die
Bäume schaffen,über sich hinauszuwachsen
Wird man nur alt genug,vergehen einem das
Hören und das Sehen allzu oft buchstäblich
In vorletzter Konsequenz kommt keiner aus der
Gemeinschaft umhin,allein zu überleben
Der praktizierte Geschlechtsverkehr mit Partnern
Rückt der sexuellen Phantasie zu Leibe
Ewiger Tod und ewiges Leben haken
Sich unter,bevor sie brutal auf uns losgeh'n
Für den wirklich Verzweifelten hat die gern zu
Rate gezogene Hoffnung keinen Schimmer
Es ist des wahren Kunstwerkers Verdienst,seine
Hände im Spiel der Möglichkeiten zu haben
Oft genügt ein einziger Tropfen,um ganzer
Fläche Unebenheit zum Vorschein zu bringen
Als wohnzimmertauglicher Glücksbringer hängt ein
Hufeisen immer irgendwie verkehrt herum
Hauptsächlich fürs Fettauge gilt der Tellerrand
Als schier unüberwindliche Barriere
Der Aufzug nebenan degradiert die Treppe
Vor der Nase allzu leicht und schnell zum Umweg

Mancher,dem es nur auf die inneren Werte

Ankommt,verwechselt Menschen gern mit Schmuckkästen

Schließfächer sind der beste Beleg dafür,daß

Der Mensch dem Menschen unverschämt offen mißtraut

Es mag verblüffen,daß ein Kleiderständer trotz

Seiner Haken als Sache eine Nützliche

Ist doch klar bis selbstverständlich

Die sättigende Wirkung von Nahrungsmitteln
Stellt sich auch nur dann ein,wenn man genug ißt
Wer seinen Wissensdurst allein mit geistigen
Getränken löschen will,ist zum Scheitern verdammt
Die Abbildung der Wand gegenüber ist des
Wandspiegels nebensächliche Haupttätigkeit
Der Katzen Sprungkraft steht in keinem Verhältnis
Zu menschlich herabgewürdigten Distanzen
Man darf sich von gefundenem Fressen nie zu
Lang von der Nahrungssuche ablenken lassen
Daß einer,der gern aus sich herausgeht,öfter
Außer sich,wundert den Introvertierten nicht
Während die Breite eines Objektes dessen
Länge übersteigt,schafft sie Raum für Umdeutung
Daß nicht immer alle gut gelaunt,liegt in der
Sache der öfters übellaunigen Natur
Der Pflichtbewußte lebt kontinuierlich in
Den Tag des persönlichen Untergangs hinein
Der schmerzunempfindliche Lethargische läßt
Sich nicht einmal durch Sticheleien anstacheln
Gemäß dem Regelwerk zum Kostspieligen kommt
Einen das Liebste am teuersten zu stehen
Eine kloßbrühenklare Sicht auf die Dinge
Schmeckt nicht einmal unter den Wortspielern jedem
Wird Hergestelltes hingestellt,dient es eher
Dekorationszwecken als der Verwirrung
Mehr als gerechtfertigt ist ein Strich durch eine
Ohne den Wirt gemachte Milchmädchenrechnung

Bei strittigen Themen setzt man sich nur deshalb
Zusammen,um sich auseinanderzusetzen
Es kann einem doch nur recht sein,wenn man in den
Schatten gestellt wird,ehe es noch zu heiß wird
Die Hose bringt es ganz ohne fremde Hilfe
Fertig,auf zwei Beinen nicht stehen zu können
Auf Teppichen bleibt vor allem der Feinschmutz,der
Ja sogar von Staub Saugenden ignoriert wird
Der Wert eines reinen Gewissens übersteigt
Den eines wertvollen Diebesguts nicht wirklich
Wer immer konsequent auf dem Teppich bleibt,hat
Im Grunde die Bodenhaftung schon verloren
Höchstwahrscheinlich verändert sich das Aussehen
Von Bildern nicht,während sie nicht angesehen
Halbe Hähnchen zur Gänze zu verzehren,bringt
Auf dem Weg zu heiler Welt keinen Schritt weiter
Unansehnlich vergilbtes Papier läßt manchen
So schön in uralten Neuigkeiten schmökern
Im Vergleich zum Maler macht sich der Fotograf
Schneller und dennoch genauer ein Bild davon
Obwohl dafür keine echten Rettungskräfte
Notwendig,ist die Rettung der Ehre echt schwer
Es liegt in der Natur der Sache,daß das Maß
Aller Dinge bei Langmut und Kurzweil wertlos
Am schweren Schiff demonstriert das Wasser seine
Tragkraft eindrucksvoller als am Leichtmatrosen
Der Masochist hat nicht zwingend ein Gespür für
Die Schmerzhaftigkeit schmerzlicher Erfahrungen

Die üblichen Scharmützel vieles Glaubender
Sind Übungen für kommende Glaubenskrieger
Die Verschrobenheit und die Eigenbrötelei
Sind oft nur zu gut sich verstehende Schwestern
Auch wenn man es nicht glaubt,ähnelt das wirkliche
Leben doch irgendwie dem in den Spielfilmen
Sich phantasiereich auszumalen,was dereinst
Sein könnte,gilt noch nicht als Zukunftsvision
Ein unerhört guter Redner profitiert nur
Bedingt von ausgesprochen guten Zuhörern
Das Hauptaugenmerk vieler Superreicher liegt
Darauf,ihre Armseligkeit zu dementier'n
Wer Vorstellungskraft besitzt,der ahnt,daß selbst die
Phantasie irgendwo an ihre Grenzen stößt
Nur dann,wenn einen die andern auch lassen,kann
Man wahrhaft gelassen durchs Leben gehen
Nirgendwo sonst ist die Freiheit so bildhaft zu
Hause wie außerhalb von Gefängnismauern
Für den,dem das nicht zu unlogisch,empfiehlt es
Sich,vorm Kapitulier'n zu rekapitulier'n
Die Schwierigkeiten bei der Außendarstellung
Des Innenohrs sind ein offenes Geheimnis
Die harmonischere Beziehung verspricht der
Eingebildete Freund als Phantasiegestalt
Erfahrungsgemäß macht es einem ein dickes
Fell nicht grade leichter,aus der Haut zu fahren
Ein nicht gespannter Faden verliert erst recht an
Geradlinigkeit,wenn er aufgewickelt wird

Bildung könnte der Menschheit ganz eng zur Seite
Stehen,stünde Einbildung ihr nicht noch näher
Letztlich entscheidet allein der irgendwohin
Wollende,wer oder was ihm im Wege steht
Erst wenn er zum Rechteinhaber wird,darf man
Sich mit Recht über den Rechthaber aufregen
Würden sich in Wahrheit Mythen um den Efeu
Ranken,hätten sie wirklich ganz schön was zu tun
Wer fest genug daran glaubt,kann dem Wolkenbruch
Mit einer Kerzenflamme zu Leibe rücken
Vorhaltungen bezüglich der Nachhaltigkeit
Sind oft nicht mehr als ein Ausdruck von Ungeduld
Sich zur Beruhigung Göttliches in den Kopf
Setzen zu lassen,ist doch nur allzu menschlich
Verlangtes zu verlängern und Verbreitetes
Zu verbreitern,geht zu sehr ins Pragmatische
Im Ernstfall sind die hehren Ideale den
Niederen Beweggründen hoch unterlegen
Ziemlich gottesfürchtig sein dürften sich nicht ganz
Sichere Atheisten und Blasphemisten
Wer schon vorher klüger,zieht die Samthandschuhe
Aus,bevor ihm sein Gegner die Hände bindet
Für Erdbewohner ist es ein Segen oder
Nur Glück,daß Weltuntergänge äußerst selten
Geht das schön rund aus dem Ruder Laufende glatt
In die Geschichte ein,hinkt höchstens ein Vergleich
Leicht wird der zum Raub der Massen,der sich nicht ans
Eigene Alleinstellungsmerkmal erinnert

Die Apokalypse,der Totalschaden für

Die Menschheit,bleibt für den einzelnen im Rahmen

Es macht traurig und ist dazu ärgerlich,wenn

Man durch eigenen Leichtsinn der Schwermut verfällt

Ein Nachteil an der Lebensrettung ist,daß es

Ihr letzten Endes an Nachhaltigkeit mangelt

Nimmt man es mit der Wahrheit ganz genau,nimmt man

Hin,daß verwirklichte Träume keine mehr sind

Es ist bemerkenswert,daß man ausgerechnet

Beim Tanzen auf männliche Drehmomente trifft

Es fällt schwer,kühlen Kopf zu bewahren,werden

Ruhekissen im Unruheherd verfeuert

Der Gegenwart Kompromißlosigkeit entlarvt

Zukunft als überstrapaziertes Hirngespinst

Ein Vergleich,der nicht hinkt,ist womöglich so schwer

Gehbehindert,daß er getragen werden muß

Am ehesten schätzt man die Untätigkeit an

Sonst für Untaten tätig werdenden Tätern

Haus und Baum eignen sich als Bezugsgrößen für

Die Höhe und die Länge nicht im geringsten

Noch bösere Überraschung erlebt doch wohl

Die vom Menschen im Apfel entdeckte Made

Man kennt viel zu wenige Menschen,um einen

Einzelnen einzigartig nennen zu dürfen

Das Leben wirkt zwangsläufig kurz zwischen langem

Ungeborensein und noch längerem Totsein

Die Sterne über uns sind auch noch in allzu

Ferner Zukunft dort,werden es auch andre sein

Neun mal sechs Wörter

Lebensphilosophie,weniger
Denken,Philosoph,mehr leben,nur noch
Vergeben,wo Vergessen medizinisch,das
Neueste in windbewegten Blättern lesen
Auf dem Schreibtisch Buchstabensuppe
Ohne Löffel,die Vorausschau des
Nachfolgenden im Rückspiegel,Erinn'rung
An die verfloss'ne Liebe,Phantomschmerz
Schreibblockade,kein Thema für den
Gedankenleser,Feder auf der Tastatur
Beflügelte Finger,idealerweise
Ist jemands Idol nicht irgendwer

Und neun mal sechs Wörter

Lit'ratur ist keine Hexerei,bloß
Geschrieb'nes,Familiengrab,immer noch Platz
Für Inschriften,Lebenslauf,auf Umwegen
Auf die Zielgerade,vor Auto gelaufen
Schutzengel schnell hinterher,Füllfederhalter
Als Zauberstab,Tinte als Lebenselixier
Versammelte Familie,lächelnde
Gesichter hinter Glas,Biographie voller
Brüche,Lebenslauf mit Erholungspausen
Ohne Neid und Eifersucht alleine
Überlebt,magische Momente
Zwischen Schreibenden und Lesenden

Oder neun mal sechs Wörter

Worte im Sechserpack in allen
Geschmacksrichtungen,Geschrieb'nes als des
Schüchternen offen Ausgesproch'nes,stelle
Tagtäglich Schrift,zumindest zur Verfügung,zum
Himmel gefleht,flügellosem Engel
Begegnet,Allerheiligen,Großeltern
Eltern und Geschwister besucht,geboren
Geschult,Beruf erlernt,Berufung erhört
Schreibe,weil auch Anthologien
Leser brauchen,für viele Traumberufe
Schlichtweg zu ausgeschlafen,schlichtestes
Alltagswunder,lebe immer wieder gern

Außerdem neun mal sechs Wörter

Jedes siebente Wort wäre zuviel
Gewesen,heut' Mamas Beerdigung,mit
Tagebuch begonnen,maskiert bei der
Geldbeschaffung,unerkannt geblieben
Tagelang Intensivstation,Vater
Feiert seinen Geburtstag,absolut filmreif
Die Vögel am Futterhäuschen,Einkaufswagen
Verwechselt,Warentausch vor der Kasse,männlich
Mittelgroß,mittelalt,mit mehreren Malen
Nur vielsagenden Rednern genügen
Wen'ge Worte,fünfundfünfzigster Geburtstag
Abends alleine vorm Fernseher

Aus zwei macht eins

Nun ist es endlich schließlich doch soweit
Was weithin galt als beinah ungeglaubt
Was da entzweit verbracht die letzte Zeit
Sich zu erbringen Einheit,sich erlaubt
Auch wenn manch' Gram und Grimm sich d'ran erbaut
Des Bundes Neuernde der Aufgab' Sein
Zu neunzehn,neunzig,drei in zehn betraut
Mit mahn'der Gunst,macht wieder eins aus zwei'n

Je ein Beispielsatz mit Beistrich

Die ersten Anzeichen zeichneten sich ab,als
Die letzten Abzeichen nur angezeichnet
Waren,wenn eine neunzehnjährige Göre
Solch tolle Weisheiten und geniale
Bosheiten von sich geben kann,muß sie von
Geistern besessen sein,manchem Verfasser
Experimenteller Lyrik möchte man
Förmlich entgegnen,daß das Narrative nichts
Mit dem Narrentum zu tun hat,es war wohl
Einer aus dem zusammengewürfelten
Haufen,dessen Mitglieder heute zusammen
Würfelten,daß sich nicht nur Herr und Frau Jensch auf
Das Wörtchen Mensch reimen,versteht sich vor in die
Natur der Sache legendem Hintergrund von
Selbst,erwähltem Lebenspartner entstammender
Fäkaliengeruch zieht sich vom Morgen in
Den Tag hinein,um womöglich sogar an
Beziehungsfestigkeit zu nagen,die After
Verbergen sich auch nicht immer alle so
Gründlich von Kot befreit in den Hosen,wie von
Äußerem Anschein vermeldet,diese mich
Plötzlich überkommende Angst muß in dem
Stahlhelm gewesen sein,den ich mir aufgesetzt
Habe,was sonst hat er erreicht,als daß er
Gehirnmasse zum Ausbruch verholfen,einer
Rettete jene Fliege aus verlassenem
Spinnennetz,die ihn nun aus Dankbarkeit umschwirrt
Und nervt,hoffentlich werden irgendwann einmal

Wenigstens einige Gottheiten darüber
Entscheiden,ob etwas zum Kinderkram oder
Zum Hochstehenden zu zählen,vor Gericht
Wurde der Ruf vernommen,welcher aber nur
Wenig bis nichts zur Urteilsfindung in dem
Mordfall beitragen konnte,glücklicherweise
Wird es von unsichtbaren Barrieren
Verhindert,daß man dem besten Nachbarmenschen
Ständig um den Hals fällt,wäre Kindesmißbrauch
Nicht strengstens verboten,würden wohl kaum noch
Liebesdienste von langjährigen faltigen
Mitbewohnerinnen verlangt werden,mach
Bitte mein Meerschweinchen und meine Eltern
Wieder lebendig,auch wenn du gar nicht der
Liebe Gott bist,das Leben ist eindeutig zu
Ungerecht,um für alle gleich kurz oder lang
Zu sein,in der allgemeinen Aufregung regt
Man sich als Herausgegriffener oft sogar
Mächtig auf,obwohl die Macht gar nicht mit einem
Ist,er nimmt sich bei der Hand,um sich an der Hand
In die Einsamkeit zu führen,seiner Meinung
Nach war jeder am Ende sich selbst richtende
Amokläufer lediglich zu feige,um still
Und allein aus dem verhaßten Dasein zu
Scheiden,der Torso hatte Ausweispapiere
Bei sich,die einer jungen Frau gehörten,es
War der ihm im Traum zwölf Finger amputier'nde
Arzt,der dem Kollegen eine Wiedergeburt

Mit nur mehr acht davon ans Herz legte,als das
Von der Schwangeren erwartete Kind vor der
Tür stand,schnappte es ihr ihr Ehegatte vor
Der Nase weg,wenn dann wie immer der große
Regen kommt,tanzt sie den äußeren Umständen
Zum Trotz im linden Wind,hat der Glaube Pferde
Versetzt,geht der gemeinschaftliche Diebstahl ins
Leere,es sollte sich sowohl für den Wirt als
Auch für den Bewirteten auszahlen,die
Rechnung ohne das Milchmädchen zu machen,vor
Allem dort dürfte die Heimat ein Zuhause
Haben,wo das Bewahren der Tradition
Tradition hat,es sind immer wieder
Dieselben oder die gleichen oder doch
Zumindest sich ähnelnde Erkenntnisse,zu
Denen milliardenfach im Laufe all
Jener Leben zu gelangen,er wurde erst
Ein bißchen demütiger,als er nicht mal mehr
Den Boden unter seinen Füßen zu küssen
Vermochte,der mittlerweile weitgehend
Zugeknöpfte trägt notgedrungen keine
Rose mehr im Knopfloch,seitdem der Weltenschmerz
Ihren Platz beansprucht und eingenommen,selbst
Herkules wird vermutlich nicht erst lange den
Löwen gekrault haben,ehe er ihn zu
Eigenem Nutzen getötet,der niemals
Kinder Zeugende sowie keine Häuser
Bauende kann seine Kraft eindrucksvoll in die

Tat umsetzen,indem er gepflanzte Bäume
Ausreißt,da jedes Individuum schließlich
Und letztendlich allein ist,dürfte der vom
Nächsten innigst umarmte Mensch auf die bare
Natürlichkeit wie eine Mißgeburt mit
Anhaftendem Zwilling wirken,wer als lieber
Verstorbener nur in den Herzen einiger
Hinterbliebener weiterlebt,wird letzten
Endes ja doch bloß wieder mit in Gräber
Genommen,leider wird in den Geschichtsbüchern
So gut wie gar nicht auf die zahllosen und
Namenlosen Kriegspferde eingegangen,die
In der Geschichte eingegangen,die nicht so
Recht zu ihr passenden schweren Flecken auf
Ihrem Antlitz entdeckte er erst,als er die
Anhaltende Dürre auf dem Beifahrersitz
Hatte,auch wenn sich der Städter zum Ländlichen
Hingezogen fühlt,sollte er sich niemals an
Des Bauern Färsen heften,es darf darüber
Getuschelt werden,daß sich die ohne Tusche
Vertuschenden dafür schon so manchen Tusch
Genehmigt,während die Vorsteherdrüse den
Zwölffingerdarm überprüfen ließ,schaffte der
Magen den Durchbruch,daß die handelnde Person
Das kurzerhand Entschiedene von langer Hand
Vorbereitet sein ließ,war schon allerhand,wenn
Dir des allzu Gewöhnlichen Gesicht nicht
Gefällt,dann gibt es eins aufs Mandelauge

Oder aufs Erdbeermaul,der hinterher somit
Als Entscheidungsträger Fungier'nde entschied sich
Gegen das blaue und für das graue Hemd,das
Er zum Zwecke des anschließenden Tragens
Anzog,ein Kind muß nicht unbedingt immerzu
Schön artig gewesen sein,wenn es sich im
Fortgeschrittenen Alter noch immer nicht den
Unterschied zwischen dem Unartigen und dem
Abartigen erklären kann,angesichts der
Derart nachahmungsverseuchten Kunst war es wohl
Der falsche Weg,die besten Werke so vielen
Zugänglich zu machen,es dürfte noch gar nicht
Erwiesen sein,daß schicker Schmuck schmucken Schick
Erzeugt,je mehr Äpfel und Birnen zunächst mal
An den Bäumen verbleiben,desto weniger
Davon geraten in Behältnisse oder
In die Hände allzugern Rechnender und
Vergleichender,herzhaft ins vormals herzige
Kleintier zu beißen,mag dem Zartbesaiteten
Herzlich herzlos erscheinen,während schon mancher
Ein anderer Mensch werden wollte,war ich schon
Immer ein solcher,würde für den Fall eines
Erweiterten Suizids die Hölle mal
Gebraucht werden,wäre sie aller Voraussicht
Nach nirgendwo,ich habe mein Standbein ständig
Außerhalb des Lebens,um notfalls dann mein
Anderes Bein sofort wieder hinausstellen
Zu können,wenn das ernstlich im Scherz Gesagte

Ernsthaft Spaß gemacht hat,dann kann es auch im Ernst
Unernst gemeint gewesen sein,ausgerechnet
Über die Verstorbenen und Toten soll nicht
Schlecht geredet werden,obwohl nur die nichts
Davon mitkriegen können,als sie sich endlich
Erkenntlich zeigte,war es schließlich verdrießlich

Sätze ohne Punkt und Komma

Der wahre Sinn des Lebens gibt sich frühestens
Bei Eintritt des Todes zu erkennen,auf dem
Letzten Sattelfest ging es halbwegs grenzwertig
Zu,ein Einzelgänger ward als Einzelkämpfer
Zum Einzeltäter,Größe ziert den Einfluß der
Betagten Betuchten,mehr oder weniger
Burschikose Aprikose läßt als schönes
Früchtchen keinen Pfirsich aus der Haut fahren,nach
Der Ankunft des Heimkehrerzuges gaben sich
Auf ihren Mann wartende Frau und ihr Herrchen
Erwartende Hündin fast gleich schwer enttäuscht,ein
Ansonsten angesehener Mitbürger hält
Stets ein Gemisch aus Schleim und Speichel für seine
Widersacher im Geiste bereit,der junge
Schmied gebärdete sich wie weiland Wieland,die
Laufend läufige Dahergelaufene lieh
Vor allem zu diesem Thema keinem eines
Ihrer Ohren,auf seine etwas seltsame
Art prangt das bedenkenlos bis gedankenlos
Auf Ausweispapier Gekritzelte,laut lauter
Lauteren Lautesten dürften die wenigen
Leisen gar nicht mal so ungetrübt sein,bei der
Hätten nicht einmal die Alliierten landen
Können,an der bärbeißigen Barbusigen
Schieden sich die Geister,es roch in wahrhaftem
Winter wie kalter weißer Schnee,auf schlüpfrigem
Hintergrund ist ihr die Hand ausgerutscht,viele
Davon hatten auch Jahrzehnte später von der

Lokomotivführung noch so gut wie keine
Ahnung,die Toten der Umgebung liegen zum
Teil auch noch in Erinnerungen herum,der
Grazer wie auch der Linzer Wienern sollte im
Grunde zu sauberer Sache führen,leider
Sind Schlaumeiers und Schlaubergers einander nicht
Sympathisch genug,als ohnedies sinnvolle
Einrichtung läßt der Freund als Helfer wenige
Wünsche offen,nach humanem Ermessen macht
Es das Tier in seiner Paraderolle als
Mensch nicht gerade animalisch gut,äußerst
Selten verursacht von allein der Körner der
Körner Markierungen,in Hildes Heim war es
Mit Karls Ruhe vorbei,Martins Horn ließ Martin
Einen sein zweites wahrscheinlich vermissenden
Stier sein,über die ganze Fläche erstreckten
Sich Mumienverbände,mitunter ich die
Homonyme rühme,rein akustisch sowie
Auditiv könnten das rein Optische und das
Visuelle nie glänzen,durch intensives
Naturerlebnis konstruierte Gewißheit
Bezüglich der Ewigkeit hat im Normalfall
Keinen Bestand,in den Augen ihres stillen
Verehrers verwandelt die Allmutter Almuts
Armut in Anmut,passionierter Schwimmer
Und leidenschaftlicher Segelflieger sind zur
Freude der Wühlmaus überraschend häufig in
Eigentlich gar nicht ihren Elementen,hin

Und wieder wirkt das abartig Entartete
Eigenartigerweise nicht mal großartig
Unartig,ohne Zutun des angeführten
Jägers wird seinem Latein am Ende eine
Etwas andere Betonung zuteil als dem
Lutein,der Glückliche hat schon lange nichts
Mehr von der ach so lieben Seelenverwandtschaft
Gesehen oder gehört,es konkurrierten
Seine Erlebnisse ständig mit denen der
Guten Trinkkameraden oder weniger
Gütigen Trinkkollegen,eine gesunde
Sekunde will höchstens teilweise etwas mit
Guten Minuten oder runden Stunden zu
Tun haben,allein aus lauttechnischen Gründen
Wird Simon als Seemann zum Sämann statt Fuhrmann
Wie Fährmann auf Fehmarn,selbst dem Gutmütigsten
Mag ein bösartiger Gehirntumor einen
Sinneswandel verordnen,ohne Sicherheit
Wird in der Zweifelszone auf dem Zweifelsfloß
Nichts als Zweifelsbrei gegessen,oft ist ein Los
Sogar als Schicksal eine Niete,Informant
Und Informator bringen dem Informanden
Das Informative in Kern und Umfeld der
Informellen Information näher als
Der informier'nde Informatiker,nie hat
Sich das Konische aufs Architektonische
Perfekter gereimt,Immobilienmakler
Bringen ihre zu vermittelnden Objekte

Eher selten von sich aus mit der Heimtücke
In Verbindung,vieles ausfindig Machende
Stießen auf der Suche nach Vegetariern
In den Reihen der Parlamentarier und
Denen der Proletarier vor allem auf
Eine Übermacht aus Ariern,die zunächst
Kaum wahrzunehmende Aneinanderreihung
Lauter leiser Laute leiser Laute entpuppt
Sich bei näherem Hinhören als angenehm
Unaufdringliche Melodie,der andere
Vertritt die ganzen Vollidioten und mag
Und macht keine halben Sachen,am nächsten Tag
Wurden zur Sicherheit noch Steigeisen an den
Drachen angebracht,laßt es nach Möglichkeit nicht
Saudumm laufen und euch nie als Schindluder durchs
Dorf treiben,nach Wirkung und neben Effekten
Gilt insbesondere das von nicht sonderlich
Sonderbarem Sonderling Abgesonderte
Als nichts Besonderes unter heutzutage
Alltäglichem,in siebtem Himmel von rechts hat
Engelbert im Engel Berta höchst fragwürdig
Anmutende Antwort auf sich erhalten,zig
Nymphomaninnen können wiederum nicht mal
Annähernd die Gesamtsumme der von ihnen
Benötigten Partner nennen,die Empfindung
Vermag den Instinkt einfach nicht adäquat zu
Ersetzen,ein möglicher Tod vor dem Leben
Ist eine der noch zuwenig beachteten

Diskussionsgrundlagen,Pack und Gesindel
Darf man in der Gesellschaft auch deutlich höher
Ansiedeln,nach Ansicht des Anklägers war der
Ehemalige Vorsteher als Aufseher
Nur Mitläufer,einer der auch sonst gerne mal
Verschleiernden zündete sich als ein aus dem
Schatten Getretener im Einflußbereich der
Sonne zum Schein eine Kerze an,sie haben
Ihnen offenbar allzu große Fortschritte
Machendem Projekt offensichtlich absichtlich
Knüppel zwischen die imaginären Beine
Geschmissen,sie gewichtet ihr vergebliches
Vergeben wieder mal stärker als die sich als
Vergebens herausstellende Vergabe,Hals
Über Kopf präsentier'nder Anblick oberster
Körperregion war dann doch nur dem Handstand
Geschuldet,der Schalk im Nacken ekelte sich
Vor dem Faustdicken hinter den Ohren,irgend
Jemand wird dann schon ein paar Bordsteine für ein
Brettspiel brauchen,die im Vergleich zu Schiffen nach
Notfällen oft tiefer und hauptsächlich schneller
Sinkenden Flugzeuge würden sich für die Luft
Des Wassers Massen stützenden Ersatz für die
Ihm abgesprochenen Balken wünschen,für sie
Hat der zeitweilig gänzlich ausfüllende und
Natürliche Inhalt ihrer Stöckelschuhe
Logischerweise eine ungleich größere
Bedeutung als für den gradezu verstummten

Verehrer,angesichts all der schon mal ins Eis
Eingebrochenen sollte sich doch die Frage
Nach darin lagernden Wertsachen stellen,nur
Allzu gern wirken Hüte auf Menschenköpfen
Aufgesetzt,die Befangenheit der Häftlinge
Verurteilen zu Haftstrafen Verdonnernde

Dummes Zeug um kluge Sprüche

Mit Sicherheit sind zwei dumme Sprüche dümmer
Als siebenundzwanzig,wenn sie mindestens den
Beinahe fünfzehnfachen Gehalt an Dummheit
Besitzen,bei identischem Dummheitsgehalt
Eigentlich achtundzwanzig oder mehr sind und
Sich lediglich als lediglich zwei ausgeben
Oder irgendwelche andere Gründe sie
Zu solch Überraschendem befähigen,die
Gerechtigkeit siegt auch nur dann,wenn der Gegner
Ihr unterlegen ist,auch wenn es zweifellos
Alles andere als wohlerzogen,folgsam
Und brav ist,so ist doch selbst das bösartigste
Kind zumindest artig,Hoffnung ist das Glück des
Unglücklichen,man darf sich nicht wundern,wenn es
Einem Schwierigkeiten bereitet,sich etwas
Hinter die Ohren zu schreiben,wenn derjen'ge
Noch nicht ganz trocken hinter denjen'gen ist,der
Der es versucht hat,hat,im Gegensatze zum
Untätigen,selbst im schlimmsten Falle mit dem
Mißlungenen noch etwas,was er vorzeigen
Kann,wenn ein Kragen erst mal geplatzt ist,werden
So bestimmende Faktoren wie Halsdicke
Oder Kragenweite,die möglicherweise
Ja als Auslöser dieses eingangs beschrieb'nen
Unglücks fungiert haben,mehr oder weniger
Zu ständiger Irrelevanz degradiert,der
Darf einzig sich den Größten heißen,der sich auch
Schon des Geringsten angenommen hat,solche

Nur,die es nicht besser wissen,und solche,die
Freude an schlecht durchdachten Wortspielen haben
Lassen die Behauptung,daß das Wort Diebstahl nur
Eine andre Bezeichnung fürs Brecheisen,für
Gewöhnlich widerspruchslos über sich ergeh'n
Wer den Hunger erst einmal am Leibe spürt,den
Vermag kein Angebot an Geistesnahrung mehr
Aus einer kargdüsteren Geborgenheit zu
Locken,die Fähigkeit,mehrere Fremdsprachen
Zu beherrschen,kann nur von einem Zuhörer
Dem mindestens eine der fremden Sprachen des
Potentiellen Befähigten nicht fremd ist
Und der außerdem der Sprache desjenigen
Der eine Bestätigung für die besagte
Fähigkeit des Sprechenden begehrt,mächtig ist
Zumindest teilweise bestätigt werden,wenn
Sich ein jeder so einsichtig bezüglich des
Unbeeinflußbaren Dominierens der Zeit
Zeigen würde,wie dies Uhr und Kalender schon
Seit langem wahrlich vorbildlich praktizieren
Würde der Welt ein Viel des Laborierens an
Eitlem Unglück erspart bleiben,wenn jedermann
Freien Zutritt zu irgendeiner Örtlichkeit
Genießt,bedeutet das in diesem besond'ren
Fall der Schreibung nicht,daß Frauen keinen freien
Zutritt zu dieser einen Örtlichkeit haben
Vielmehr bedeutet es,daß dort hinein jeder
Gehen darf und zu gegebenem Anlaß auch

Wird,sofern er die nicht sehr frauenfreundliche
Formulierung akzeptieren kann,wenige
Momente des Bedenkens reichen schon aus,um
An einen Punkt zu gelangen,an dem man sich
Darüber wundern mag,weshalb trotz der Scharen
Von Göttern,die sich der Menschheit voll gütiger
Mächtigkeit angenommen haben,das Böse
Die so klar beherrschende Rolle auf Erden
Spielen kann,all die Materialien,die
Man gegebenenfalls wohl zur Fertigung von
Reizwäsche für Langusten verwenden würde
Zu den krebserregenden Stoffen zu zählen
Würde nicht zu Unrecht das Vorhandensein von
Recht skurrilem Humor vermuten lassen,schon
Den allerkleinsten Wirkungen liegen oftmals
Ausgesprochen große Ursachen zugrunde
Unter vielbefahr'nen Brücken versteht man meist
Wenig,unter Umständen sogar nichts,erweist
Sich heute nur der erlittene und nicht der
Zugefügte Schmerz des Erinnerns würdig,so
Wird die Aufgabe des Befriedens wohl erst in
Allzu ferner Zukunft gelöst werden können
Ein altes und einmal nicht so ernst gemeintes
Indianersprichwort könnte besagen,daß
Man einen weisen Mann nicht an der Hautfarbe
Erkennen kann,wohingegen dies bei einem
Weißen durchaus im Bereich des Möglichen liegt
Erst dann,wenn die oft besuchte Quelle versiegt

Ist,wird dem dort tausendfach gestillten Durst die

Ihm gebührende Achtung zuteil,sicherlich

Könnten sie ihre Zerstörungskraft und damit

Die zu erregende Aufmerksamkeit steigern

Wenn die größeren Ereignisse jedesmal

Etwas Dingliches anstelle ihrer Schatten

Vorauswerfen würden,selbst im entlegensten

Fleck auf Erden schlummert das Potential,dem

Großen Weltgeschehen irgendwann einmal als

Mittelpunkt zu dienen,der Vorzug eines Tals

Gegenüber einem Berg besteht neben der

Deutlich gering'ren Einsturzgefahr vor allem

In der Tatsache,daß es als Endsilbe für

Ein'ge wicht'ge Wörter lateinischen Ursprungs

Verwendung finden konnte,wer sich immer nur

Mit dem eigenen Echo unterhält,wird nichts

Neues erfahren und wenig dazulernen

Je nach persönlichem Empfinden wird es den

Für dieses mögliche Experiment sorgsam

Auszuwähl'nden Testpersonen entweder mehr

Oder wen'ger Freude bereiten,ihren Laib

Mit herausgeriss'nen Seiten zu umwickeln

Als ihren Leib mit herausgeriss'nen Saiten

Zu umwickeln,man muß ein großes Herz haben

Wenn der,den man in selbiges geschlossen hat

Sich nicht in die Enge getrieben fühlen soll

Vergleicht man die als Anziehungskraft bekannte

Kraft,die bestrebt ist,den Abstand zweier Körper

Zueinander zu verringern,mit einem mit
Kundenbetreuung betrauten Mitarbeiter
Eines Bekleidungsgeschäfts,dann kann so wenig
Dabei herauskommen,daß man in der ersten
Enttäuschung über einen solchen Mißerfolg
Den Witz an der Sache übersieht,der trotz der
Fehlenden Hochklassigkeit doch zumindest des
Bemerkens wert sein dürfte,so ein unrechtes
Beschuldigen beginnt sein zerstörerisches
Werk an der Stelle,an der ein Wille,sich nach
Bestem Wissen und Gewissen mit gewahrten
Worten und Taten auseinanderzusetzen
An seine eigennutzbedingte Grenze stößt
Der frühste Fahrgast die erste Fahrkarte löst

Durchaus bekannte Pilze

Still,das stumme Männlein will nicht einmal wissen
Ob es im Wald steht,wohl kein Knollenblätterpilz
Ziemlich kundiger Sammler läßt Vorsicht walten
Steinpilzkolonie,dezent im Hintergrund
Die Liste der Rezepte,Schönheit als Warnung
Der eindrückliche Gruß des Fliegenpilzes
Ausgewachs'ne Rotkappe,ganz allein im Wald
Im Korb heute kein Kuchen,durchwachs'ner Fund

Heikos siebzehnsilb'ge Bildchen

Feuchtes Abziehbild setzt an zu Anfertigung
Für Schneckenhäuser,Wortwahl und Metrik
Als altmodischer Nachschlag unter Grimassen
Der Pittoresken triefende Korrespondenz
Heimst spitzfindig ein,kommerzielle
Majestätsbeleidigung erwischt Weintrauben
Autoritäre Eingebung an Trampolin
Der Kollektive,lupfend und schlüpfend
Unterbreiten und zirkeln Personalien
Präsentation stellarer Teufelskreise
Zu Entmündigung,Banalitäten
Verteuern unverzüglich Impressionen
Bimmelnder Aufzug belästigt Enthaltsamkeit
Religiöser,Schindluders Schandmaul
Um fluchend durchzuatmen und abzulenken
Eskalation bedauerlicherweise
Sturzhelme berauscht,Folkloristisches
Betreut Reagenzgläser hinter Gezwitscher
Pfadfinder ködern Teufelsaustreibungen für
Rekonstruktion,Fachidioten
Überlisten beiläufig Zugvogel,Spürhund
Abfertigende Endgültigkeit an Schlagzeug
Des Neuankömmlings,der Fäkalien
Sentenzen an Wagenrad stochern in Altan
Versorgung bröckelt zu konventionellem
Warnschuß vor Kanu,Konservendosen
Stibitzen unglaubwürdig ohrenbetäubend
Eitriger Anstrich unterstellt farbenfroher

Delegation,abgetakeltes

Auslaufmodell unpäßlich fräsender Jäheit

Schwimmhäute knacken kurzlebige Amphore

Aus Unmündigkeit,Gedenkminute

Zerstückelt Sterbensworte unerschütterlich

Rebhuhn,sonores,Schnauze wider Grünschnabel

Makrele regt an,Ungenauigkeit

Anläßlich herz'ger Epik,Kontext aufstöbernd

Vermachter Schraubstock verunsichert Fixsterne

Reißt Reichsäpfel um,an Rationen

Überzeugen Glückssträhnen,Gescharre gratis

Klobiger Windel beispielshalber ermuntert

Hufeisen Kleeblatt,Resignation

Stärkt in verstopftem Schließfach murr'nde Verspieltheit

Generalproben andächtiger Hydraulik

Über Relingen,angekurbeltes

Fiasko der Mutmaßung verklickert nahrhaft

Schnupftabaks Einwand aus aneckendem Exkurs

Fädelt lausig ein,Verunglimpfungen

Vermeintlich Abgrasender als Herausford'rer

Installation einschneidender Konsistenz

Für Stubenhocker,dienstlich aufschlußreich

Bringen Gladiatoren Wassergläser an

Steinmetz wandelt ab,handelt sich vormerkend ein

Drahtige Seufzer,Joghurts Weichteile

Bestialisch behilflich Freiraum erbeuten

Matschiger Lakritz,von Interpretation

Knallhart versalzen,der Körpersprache

Experimentelles Trumm belohnt anlehnend

Vor Leichtgläubigkeit überschäumender Eif'rer

Erledigt,gibt ein,Hilfsbedürftigkeit

Wo Schlußfolgerung vorsorgt,Rückschlag ausrottet

Wie Andenken an Kratzspur in Fabrikhalle

Hilft Augenstern nach,Seiltänzers Salto

Wider Sinnestäuschungen zwischen Armbeugen

Geständig ersucht der Distel Brutalität

Modernisierung,massige Huren

Minütlicher Vergütung zeichnen maßvoll auf

Aussatz in Waschraum triebhafte Auswilderung

Anfechtend ergötzt,schmor'nde Fürsprecher

Ausgerutschter Pasteten bewirken Ansturm

Doppelzimmer für vergötterte Ansetzung

Kultureller Haft,Seelsorger mißt aus

Moderates Geschlechtsteil setzt sich Schindel auf

Zu Engstirnigkeit Dreidimensionaler

Zieht Ansteckung auf,unerschwingliches

Koordinatensystem verbeulen Buckel

Organisator vorgreifender Brandstiftung

Kauft ausschließend ab,Rückschritts Verzögern

Als der Effekthascherei schreckhafte Mas'rung

Flötender Stimmbruch auf schwungvollem Spickzettel

Biegt geradlinig,Schwerelosigkeit

Entwürdigt unnachgiebig Repräsentanten

Selbstredend enthält des Nußknackers Bereitschaft

Uraufführungen,Schlitzohrs Rivale

Umstritt'ne Altersschwäche verschnupft überbrückt

Aus Narrenfreiheit und vorgeschrieb'nem Trugschluß

Hervorgegang'ne,Zertifikate

Fachsimpelnder Ausreden stiften energisch

Todesnachrichten betulicher Bauchlandung

Auf Kehlkopf und Gips,kauzigem Zaungast

Bändigt Gewaltanwendung Terminkalender

Fast Knüppeldickes,unüberschaubar verstärkt

Wiegelt Weckruf auf,Fettwanstes Vorort

Unterbindet Abzweigung inoffiziell

Wider Grundwissen Eventualitäten

Vorsätzlich scheuern,Kompensation

Knöpft sich Umlaufbahnen vor,bis Nachschub anbeißt

Namensschilder an Ohrfeigen in Waagschalen

Zu Konfusion,noch ausgestorb'ne

Plausche und Plaudereien gaffen ausdrücklich

Spiegelschrift zerstreut unhaltbare Schnappschüsse

Durch Präzision,des Nebeneffekts

Verleg'ne Ausführlichkeit weist Flause zurecht

Klimaanlage konspirativer Schemel

Behebt gehörig,Verdächtigungen

Bei präzisem Gestöber aus Himmelskörpern

Seriosität dröger Kuriosität

Sät Gebühren aus,Luftfahrt ermittelt

Des Schlagbaums Markenzeichen nach Eingewöhnung

In Bademänteln einflußreicher Lyriker

Planschen Knopflöcher,Winzers Gießkanne

Kostspielige Aufseher fälschlich überlebt

Ehrentribüne abgängiger Gemetzel

Speist mechanisch ab,inert geschwätzig

Federn der Mannhaftigkeit Prioritäten

In Beiboot peilen unbändige Anklänge

Zusammengefaßt,nach Flugzeugabsturz

Teigig angeh'ndes Manna über Partikeln

Inakzeptabel verspätetes Rampenlicht

Wischt reichhaltig aus,Fehlurteils Bluthund

Träufelt unerklärlich ein,verbiegt Krümmungen

Übersiedelnde Genesung unter Drogen

Schärft ein und bröselt,weggetret'ner Kalk

Verjüngt Allegorien gen Einstudiertes

Meisterleistungen überschnappender Satzung

Halten Handtuch ab,hör'ge Vorschau auf

Telegen oder filmreif trudelnd' Fußnote

Kürzlich kurz auf Elba

Rückkehr auf die Insel,neue Ansichten
Zu irgendwie Vertrautem,Ankunft auf Elba
Strahlender Sonnenschein,schöner fast als damals
Schatten willkommen,körperlich angenehm
Die Kühle im Hotel,das Hotelzimmer
Beinahe zu geräumig für eine Person
Welch schöne Aussicht,so nah an Strand und Wellen
Und einem Selbstbelügen,noch schnell an den Strand
Den Rest des Tages ausnutzen statt genießen
Abschied von Elba,kein Blick mehr zurück
Zu schwer schon das Herz,geschloss'ne Augen
Die schmerzhafte Schönheit der Erinn'rungen

Zweiundneunzig bunte Haikus

Unter Erde hat selbst bestes Lebensgefühl
Mulmig zu werden,der ewige Tod
Und das ewige Leben haken sich unter
Seine Kehrtwendung zum kaum Unterscheidbaren
Ehrt den Deutenden,Gott verneigt sich vor
Bestens organisierter Kriminalität
Verbannte Schnecken kratzen Marienkäfern
Punkt für Auge ab,des Schläfers Wange
Zerquetscht scheußliche Spinne auf dem Kissen sanft
Angehörige jüngerer Vergangenheit
Üben noch Druck aus,in Unschuldswassern
Gebadete Mitbürger wirken feuerfest
Für Verzweifelte hat zu zitier'nde Hoffnung
Doch keinen Schimmer,die Glückseligkeit
Läßt man in Kartenhäusern förmlich residier'n
Bei Gefahr schlagen Plakatierer und Hunde
Unterschiedlich an,wahrer Kunstwerker
Legt seine Finger ins Spiel der Möglichkeiten
Unter den Tischen kreierte Kreaturen
Schmeicheln den Wänden,die Augenblicke
Des Herrschens der Schlangenzeit starren eindrücklich
Wenig befürchtet nach dem Lieblingslustknaben
Benannte Ratte,Stechmücken lupfen
Bettdecken und kriechen und gehen in Knie
Vor Zimmerfenstern und vorgehaltener Hand
Lungern Zeitfenster,der Tanzkäfige
Rotationserträge lähmen feenhaft
Wie unversöhnlich bezeichnet Kriegsbemalung

Zu Beschreibendes,Annehmlichkeiten

Akustischer Täuschungen stören die Optik

Der Mundharmonie intervenier'nde Schlauheit

Gradewegs umkreist,linke Krebsbrüste

Stürzen behend aus Mänteln um Gebrechlichkeit

Kühne Flickschuster beschmier'n Glücksbringer mit Pech

Aus vollen Tuben,greiser Tag erbricht

Aufgeschäumten Hausratsstaub zum Scheuermittel

Nicht belegter Kampf zwischen Hanebüchenem

Und Hausbackenem,Stahlbeton reift zu

Zwischen Formularpapier zerriebenem Stoff

Trockene Füße ungewaschenes Gehirn

Ins Denkamt tragen,Fachidiotie

Kampiert in den Vorfeldern zwischen Rübenkraut

Fänger tummeln sich im Bereich des Möglichen

Als Genügsame,unbelangt gerät

Das Kopf von Kopf Trennende außer Kontrolle

Aufgeweckter Wind blättert Lesarten zum Trotz

In frischem Baumlaub,Mariengold ragt

Perspektivisch bedrohlich in Fremder Schlünde

Lautlos verheddert sich der Arm des Baukrans in

Alten Antennen,Grimassen halten

Sich keinen Moment länger am Regenbogen

Rufe der Krähen scheinen Gottes hohes Reich

Schon zu versiegeln,graue Maserung

Rindengleicher Außenhaut prangt verängstigend

Erkennungszeichen aus zu Stein Gewordenem

In Absterbendem,neues Anrühren

Fordert schiere Erweichung milchgetränkten Schwamms
Niederes Organ erbebt unter Einbindung
Der Kopfbewegung,unvermittelt höhnt
Aus falscher Umklammerung gelöstes Ozon
Stammkundschaft füttert barer Gegenseitigkeit
Hochmütiges Kind,feiste Pigmente
Schmalster Kompilation wider Methodik
Verformter Diwan sich starkknochigem Standard
Zu verweigern sucht,versprengtes Wesen
Abzunutzender Kutten darbt zwischen Sträuchern
Vom Bogenschützen ausgelagerter Vorsprung
Erwächst zur Treppe,unerkannt schließen
Sich rotbäckige Häupter noblen Blessen an
Verpackte Mummel spottet Ausweichmanövern
Ohne Unterlaß,Kornfelds Gehänge
Späterhin Gewogene wehrlos entrechtet
Halbe Leihgabe naturalistischer Form
Neigt zur Stoßrichtung,Reckenhaftes schleppt
Die Alliteration vor Sonnenscheiben
Ärmliche Strahlkraft als Ungeheuerlichkeit
Wilder Farbgebung,des Biests Askese
Laboriert am Odium ihrer Verkleidung
Zernier'nde Käfer laufen Freiheit Preisendem
Über die Seele,zu schüttelnde Hand
Schwärmt hinterhältig offen von Widerhaken
Der gängigen Welt nicht ihren Lauf Lassendes
Schmückt des Fußvolks Plan,auf Schaumwein im Glas
Treibender Verschluß aus Kork als Leichtverbrecher

Scharfes Marzipan die Männer aus Lebkuchen

Zu Beigeschmack rührt,mißbrauchtes Lötzinn

Läßt gleich sichtlich Gekränktem von Nabelschnur ab

Im Kugelhagel hält des Legaten Aura

Schwelgend lässig stand,beutegierig hinkt

Der Hang zur Bezauberung ums Gebäudeeck

Unrats Enteisung folgt der Brachialgewalt

In die Randlagen,Anzureicherndes

Probater Böswilligkeit zieht mit den Fluren

Nachtblindheit verziert dem Heimgang durch Nadelholz

Den Nebenschauplatz,des Fanatikers

Differente Ohnmachten flimmern segensreich

Zur Korrespondenz zwischen den Palladien

Schweigt der Raummangel,freies Schalenobst

Demonstriert unselbständig vor Käfighaltung

Anzuwärmende Niederträchtigkeit feiert

Auf Waldlichtungen,von Zusammenhalt

Zerfressene Glatzköpfe loben sich Weisheit

Der Grobschlächtigkeit schillernde Neufassungen

Überwältigen,Parasitismus

Herzlos Zurückgedrängter greift auf Stelzen an

Respektlosigkeit begleitet Bedürfnisse

Kriegender Raupen,exemplarisch ruht

Existenter Strohballen zur Unterstellung

Faßbar werdende Nervenstärke das Nähzeug

Neben sich verdrängt,linde Rückführung

Der sich Prostituier'nden hinter Strandkleidern

Griffigkeit belehrt kolossale Komparsen

Des Waldinneren,sich Bewölkendes

Assistiert gekonnt gemach aschfahlem Freiland

Durchatmend passiert zaudernder Geburtshelfer

Taube Steckrüben,Schaffners Pilgerstab

Auf den Schultern des Fiedlers verführt den Anschein

Die Körperglieder sachter Widersprüchlichkeit

Schinden gestenreich,auf breiten Bahnen

Flanier'n die Intervalle zwischen Fürbitten

Fliehburgen mahnen aus dem Halbdunkel heraus

Zur Geschicklichkeit,gegen Astlöcher

Gerichtete Einschüsse als Abfälliges

Mit blankem Aussatz überzogene Hülle

Dient dem Morgenrot,die Erzhalunken

Den Münzen ihrer Mitwelt den Durchbruch weiten

Haarbüschel markier'n auf erwählter Rohrleitung

Manchen Ansatzpunkt,an Pförtnern vorbei

Hastet die Konzeption einer Innigkeit

Entwurf und Aufbau sich niederbeugenden Stamms

Verstümmeln maßvoll,Muschelförmiges

Gebiert Teile der Sehnsucht nach Befeuchtendem

Zu bündelnder Schopf bewältigter Etappen

Unter Paßbildern,an langem Quarzfels

Stirbt ein Zusammenwachsen von Hartschaligem

Die Enthaltsamkeit verprellter Körnerfresser

Entschärft und trumpft auf,Seligkeit umspült

Von stieren Hundertschaften Losgelassenes

Rund der Freiheiten

Unzählige Ziele,Freiheit allmählich
Aus den Augen verlieren,Panoramablick
Sich verlier'nde Linie aus Anhaltspunkten
Der Erde entfliegen,der Geruch des Himmels
Im Meerestropfen,ein Schiff wird kommen
Liebende am Strand,von Einsamkeit umarmt
Erdgebund'ner Blick,jede Flügelbewegung
Ein Befreiungsschlag,so weit das Auge reicht
Horizont erzählt von Inselparadiesen
Damals noch unfaßbar,das Meeresrauschen
Rinnt mir durch die Finger,täuschendes Gefühl
Zeit und Welt stehen still,Wind in deinem Haar
Sonnenuntergang am Meer,tägliche Ankunft
Des Universums,Wolkengebilde
Ein Paradiesvogel löst sich in Luft auf
Irgendwo dazwischen,der Himmel unbewohnt
In Meerestiefen,Freiräume grenzenlos
So unendlich fern der Koffer im Hotel
Nach Freiheit suchend,sich in Weite verlieren
Der Poet nennt es Sehnsucht,letzter Urlaubstag
Schon morgen wieder den Horizont im Rücken
Himmel in Bewegung,ein fixierter Vogel
Zieht mit den Wolken,Entspannung genießen
Unter Himmelsbühnen,ein Vogelruf als Star

Im Anschluß an den großen Fluß

Die Donauquelle murmelt irgendwas
Von einem schwarzen Meer,die blaue Donau
Mündet ins Schwarze Meer für Farbenblinde
Die Donauwellen,vom Ufer aus betrachtet
Machen Appetit auf mehr,Blick auf die Donau
Erzeugt Hintergrundmusik,beides Klassiker
Gruß des Donauschiffers,des Vaters Schicksalsstrom
Heute nur Verkehrsweg,der Frühling liegt wach
Die Schwalben sind da,Sommer in Planung
Weihnachten weltweit in den Massenmedien
Kitsch überstrahlt Botschaft,klopfende Meise
Prüft die Gelassenheit des steinernen Buddhas
Vormittag am Herd,Festmahl verschoben
Nun kocht sie vor Wut,gut angekommen
Der lästige Besuch will länger bleiben
Urlaubsverstimmung,ihr Traum vom Eigenheim
Zwischen Sandburgen,die gute alte Phrase
Letztes Urlaubsfoto vom eig'nen Vorgarten
Geschirrspüler defekt,nach dem Abendessen
Eine Runde um den Block,noch Sommerhitze
Zwiegespräch am Brunnen,Tiefe erahnbar
Überdimensioniert,sein bestes Haiku
Vor ihm ein leeres Blatt,ihr Linseneintopf
Nur für ihn nach dem Rezept der Schwiegermutter
Die Kunst des Kochens,Allergiker,Fleischesser
Und Veganer zu Gast,Vormittagsprogramm
Bekannter Fernsehkoch prahlt mit Zutaten
Wort zur Großwetterlage,der Freund von früher

Wechselt das Gesprächsthema,schlechter Ratgeber

Im Buchblock Eselsohren als Lesezeichen

Urlaubsparadies,im warmen Schatten

Die Augen schließen,wieder kein Brief von dir

Des Zustellers Lächeln ein hämisches Grinsen

Streifzug durch die Nacht,eine graue Katze

Beobachtet mich,Hintergedanke

Nach dem Waldspaziergang mit Pilzen heimkehren

Lange vor dem Wecker,die frühen Vögel

Keine Zeit für Würmer,Licht an,Fenster auf

Häuslicher Nachtschwärmer begrüßt Sommergäste

Abschied von Mama,die entschlossene Miene

Des Karussellpferds,Spieleabend für alle

Der Sohn an der Konsole ist Einzelkämpfer

Weit aufgeriss'ne Fenster gegen Hitzestau

Ein Schrei in der Nacht,nebenbei fallen lassen

Seine spitze Bemerkung trifft sie beim Stricken

Elstern am Krähennest,lautstarkes Gekrächze

Streit unter Verwandten,das Recht auf Zuwendung

Das Mädchen faßt pflichtbewußt Urgroßvaters Hand

Dieser verdammte Stolz,und wieder behält sie

Die Tränen in den Augen,treuherziger Blick

Der Hund an der Seite seines toten Herrchens

Zu steil der Anstieg,das Kreuz des Fahrradfahrers

Der Helm Dornenkrone,nahes Schreckenkonzert

Übertönt das Wehklagen einer Nachbarin

Gereizte Herbststimmung,denkbar knapp verfehlt dich

Eins der Lindenblätter,alte Bekannte

Saatkrähen begrüßen die Vogelscheuche
Omas Warnung zum Trotz unter der Leiter durch
Ein Handwerker schimpft,aus dem Schlaf geschreckt
Die rüde Abweisung der Traumfrau im Traum
Die Bilderwand entlang,die Ahnenreihe
Beginnt zu lächeln,vorm Juweliergeschäft
Der vorwurfsvolle Blick ihres kleinen Schatzes
Geworfener Brautstrauß,im Überschwang des Glücks
Im Rosenstrauch gelandet,halbe Wahrheiten
Der Sohn vermittelt zwischen Mutter und Vater
Zukunftszuversicht,heranwachsende Birken
In Pflasterfugen,mittags,fünf nach zwölf
Zwei Suppenkasper buchstabier'n um die Wette
Gewitterwarnung,der Kampf des Mückenschwarms
Gegen Windradflügel,der lange Weg ans Ziel
Ein Taxifahrer kommentiert die Weltlage
Das Lachen im Halse,zu weit gegangen
Die Puppe des Bauchredners,ein Papierflieger
Rauscht mir am Ohr vorbei,Flugblatt ohne Botschaft
Erster Arbeitstag,der neue Schreinerlehrling
Schneidet sich an Papier,immer noch schlaflos
Der frühe Uhu nennt sich beim Namen
Eine falsche Bewegung,der Rotwildjäger
Kommt erst gar nicht zum Schuß,die Faust auf dem Tisch
Das Wasser im Glas beruhigt sich wieder
In kleinem Laden mit Falschgeld bezahlen
Ha,ein Kinderspiel,kurz vor dem Einzug
Benachbarter Buntspecht hämmert am Neubau

Stechmücke an der Wand,die schwierige Frage
Nach der Exekution,ein Wanderfalke
Rupft eine Straßentaube,der Krieg rückt näher
Der Feind im Spiegel,auch der Amselmann
Hat seine Probleme,Kuchen oder Torte
Eine Hornisse holt sich eine Wespe
Kartoffelsalat,Mutter und Schwiegermutter
Kommen ins Gespräch,staunende Kinder
Der neue Nachbar zieht seine Armbanduhr auf
Wintervollmond strahlt,kalt erwischte Sonnenuhr
Macht Andeutungen,Mißgeschick beim Staubwischen
Aus dem Rahmen gefallen das Schutzengelbild
In der Christmette,ein Weihnachtswunder
Vater kann singen,Venus am Morgen
Freunde wollten gestern die Nacht zum Tag machen
Gemeinschaft leben,der wilde Wein am Haus
Wächst an der Aufgabe,der Jugend nachspüren
Vater reaktiviert den alten Fernseher

Neben jenen Reden

Der Apfel von der Marktfrau,statt märchenhaft schön
Paradiesisch gut,heute schon was vor
Gefragte Holde plant ihre Familie
Entschloss'ne Rednerin kämpft für Menschenrechte
Gegen rechte Menschen an,das halbe Leben
Leise schluchzende Mutter zieht Zwischenbilanz
Zwischen Aufbruchsstimmung in Umzugskartons
Das alte Leben,Katzenfutter für alle
Mieze und Streuner flankier'n einen Igel
Der Sinn fürs Reale,gleich nach dem Aufwachen
Den schönen Traum vergessen,Vorstellungsgespräch
Sie läßt den Doktortitel in der Handtasche
Familientreffen,junge Gesichter
Und fragende alte,kurze Brotzeitpause
Ein Forstarbeiter träumt sich unter Palmen
Stimmungsaufheller,Vati ißt sein Schokoeis
Mit Messer und Gabel,fünf vor drei Viertel acht
Gleich zieht die Nachbarin die Vorhänge weg
Ein Wunsch bleibt unerfüllt,ihre kleine Schwester
Hat die Sternschnuppe verpaßt,sein Blick verfolgt sie
Am Himmel die Maschine,ein Ziel im Süden
Alle Blicke auf ihr,sogar ihr Ehemann
Lobt die neue Frisur,Freikörperkultur
Verstohlener Blick auf seine Ehefrau
Im Souvenirladen,die große,weite Welt
Fürs Wohnzimmer daheim,aus dem Traum gerissen
Das böse Erwachen in der Kaserne
Japanische Kultur,Haikus,zu langweilig

Sie löst Sudokus,er hat sie verlassen

Neben ihr Leere,im Kleiderschrank nur Kleider

Lass' mir Zeit stehlen vom Krimi,dem Mehrteiler

Ein Dieb wird zum Räuber,zerschnitt'ne Nacktschnecken

Das Mädchen schämt sich für seine Mutter

Schulhofgespräche,der arme Junge

Erhöht sich das Taschengeld,Sozialkunde

Ein Schüler träumt vor sich hin,sein Banknachbar schläft

Wieder bei der Herde,sichtlich erleichtert

Das geschor'ne Schaf,die tolle Tätowierung

Unter schnödem Gekritzel auf ihrem Gipsbein

Sie wird abgeholt,vor dem Frauenhaus

Ihr neues Leben,neunzigster Geburtstag

Die Gefeierte trinkt aus fremdem Glas

Schön der Reihe nach,auf den Hochzeitsfotos

Ihre vier Ehemänner,in der Metzgerei

Das übliche Würstchen,das Kind ist Veganer

Besuch der alten Heimat,Großvater erspürt

Rauschende Wälder,Fernseher stummgeschaltet

Das Mädchen kann nicht schlafen,liest Vati was vor

Nach dem Kinobesuch die kostenlose

Nacherzählung des Films,ungedeckt im Strafraum

Der Mittelstürmer trifft die falsche Entscheidung

Wieder mit dabei,die Regenbogenfahne

Ausgebleicht vom Sonnenlicht,die Freundin im Arm

Sein Freund hält sein Schätzchen im Terrarium

Leidenschaft eines Fremden,Briefmarkensammlung

Vom Onkel geerbt,die Fahrt mit der Geisterbahn

Der große Junge,wieder Muttersöhnchen

In Gedanken noch beim herrlichen Sommerfest

Am Wegrand Trauerweiden,Alarmstufe Rot

Konfrontiertes Großmaul sucht nach Argumenten

Wieder Streit bei den Nachbarn,sie schüttelt den Kopf

Und macht das Radio aus,mit der kleinen Maus

Im weiten Netz gefangen,plötzlich macht es klick

Demokratieverständnis,ihr Söhnchen quengelt

In der Wahlkabine,Familienausflug

Näh'res Kennenlernen der neuen Geschwister

Leidiger Kindermund,Hibiskusblüten

Schöner als Mama,Vati reibt sich die Hände

Schokoladenkrem an der Türklinke

Intensivstation,allein auf dem Gang

Das Mädchen spielt Hoffnung,welch treuherziger Blick

Vati hat die Batteri'n für ihr Schoßhündchen

Im Naturschutzgebiet,der Ornithologe

Zeigt uns einen Vogel,schlaflose Sommernacht

Die Glocke im Kirchturm,sie wiederholt sich

Wein auf der Terrasse,dazu beste Sicht

Aufs Duell um den Parkplatz,ein weinendes Kind

Ruft nach der Mama,Rempelei im Streichelzoo

Schlechte Auftragslage,Kernhäuser erfolgreich

Im Papierkorb versenken,der Nachbar am Zaun

Die Briefträgerin muß ihn leider enttäuschen

Sirenengeheul,im Unterton mitschwingend

Der gestrige Fehlalarm,die schönen Blätter

Unten fressen die Schnecken,oben die Rehe

Volles Opernhaus,lauter stille Genießer

Ein Störenfried gähnt,er und sein Elektrorad

Lächelnd lacht er sie aus,die frühere Steigung

Allein am Kickerkasten,er hält sich in Form

Für zukünftige Gegner,ein flüchtiger Blick

Ihre Lieblingsblumen auf dem Hochzeitsauto

Schnecken,aus dem Häuschen,mit Bodenhaftung

Sogar an der Decke,Kalenderblätter

Das Durcheinander der Tage im Papierkorb

Die Gesprächsthemen,weniger geworden

Birne im Apfelkompott,irgendwas paßt nicht

Des Modellbauers Kampf mit Windmühlenflügeln

Er sitzt noch an der Rede,seine Lehrlinge

Feilen an Werkstücken,was Falsches gesagt

Ein Preßlufthammer ist meine Rettung

Scherben bringen Glück,sagt sie beim Wegräumen

Sie hat sich geschnitten,ein heißes Eisen

Zum Mittagessen,sie legt den Topflappen weg

Böig im Baumlaub,oft besung'ner Sommerwind

Verschafft sich Gehör,seine Worte wirken nach

Sie macht sich Rührei aus den Spiegeleiern

Dem Winter entfliehen,ein Tagpfauenauge

Der Keller ist sein Süden,plötzlich zwei allein

Immer lauter im Raum das Schweigen des andern

Modernste Technik,Oma macht sie ratlos

Opas Stimme auf Tonband,Autogrammsammlung

Alle unleserlich,die war'n damals wohl Stars

Testamentseröffnung,verschlossen daheim

Vaters Tagebuch,auf eigene Gefahr

Leute und Wespen beanspruchen Fallobst

Parfümerieabteilung,ihr kleiner Junge

Übt das Naserümpfen,nächste Frauenzeitschrift

Das kleine Mädchen sucht seine Sommersprossen

Übern Zaun gesagt,Gespräch unter Gärtnern

Zwischen Maulwurfshügeln,durch die Winterstille

Schritt für Schritt voran ins Ungesagte

Landstraßenidylle,zwei Kinder spielen

Mit plattgewalzten Kröten,Waldspaziergänger

Nur ein Begleiter sehnt sich nach dem Horizont

Treppengeländer,Großvater läßt seine Hand

Ein Stück hinabrutschen,Sternschnuppenmaximum

Der herrliche Vollmond überstrahlt fast alles

Wer kennt die Namen,ein Liebespärchen

Zwischen all den Blumen,bei den Zoogiraffen

Von oben plötzlich auf der Jacke Vogelkot

Zurück vom Begräbnis,sein geliebtes Pfeifchen

Wie immer auf dem Balkon,kühl und regnerisch

Wie vorhergesagt,nur einen Tag zu spät

Mehr als ein paar Kratzer,die heulende Kleine

Mag keine Katzen mehr,Sommernacht vorm Haus

Einsamer Bewohner hat das Licht angemacht

Nebenwirkungen,ihre Hände falten

Den Beipackzettel neu,zurück an dem Ort

Einst eingeritzter Namen,Holzbank ausgetauscht

Unbeaufsichtigt,drei Kinder stecken

Die Köpfe zusammen,vertiefter Pilzsammler

Bemerkt ihn gar nicht,den Jäger auf dem Hochsitz
Auf der Streuobstwiese,ein kleiner Witzbold
Vergleicht Äpfel mit Birnen,Hausbesichtigung
Sie begutachten mögliche neue Nachbarn
Feixende Jungen,an der langen Leine
Damenunterwäsche,auf zum letzten Gefecht
Muttis dritte Mahnung,morgen ist Schule
Sein Sinn für Romantik,mit feuchten Fingern
Drückt sie Kerzenlichter aus,an neuem Fenster
Ins Leere lauschen,der Wind erzählt nichts mehr
Typveränderung,der lang Vermißte lächelt
In seinen Vollbart hinein,Kaninchen im Stall
Zwischen entzückten Mädchen traurige Augen
Zigarettenpause,Nichtraucher werden
Zum Gesprächsthema,ersehnte Abkühlung
Dem kleinen Genießer fällt das Eis vom Stiel
Kirchenglockenklang,der automatische Blick
Auf seine Armbanduhr,d'rinnen wartet ein Kind
Zwei Erwachsene spielen mit der Drehtür
Herbstlaub auf dem Autodach,es riecht nach Abschied
Von den Sommerreifen,Herbstmelancholie
Der Zug hat Verspätung,schau' Vögeln hinterher

Als Tanka

Kurz vorm Morgengrauen,eines Waldkauzes
Schaurig schöner Kontaktruf,welch ein
Potential in unserer Einsamkeit
Echte Lichtblicke auf frei geword'nem Grundstück
Auf gute Nachbarschaft,gegenüber
Entsteht eine neue Baulücke
Trister Nebeltag,durch den grauen Hinterhof
Des alten Wohnblocks hallen harte
Schläge,der Teppich ist unschuldig
Heißer Sommernachmittag,ruhe auf einer
Parkbank,meinen Schweiß riechend,voll erwischt vom
Parfümduft der passier'nden Läuferin
Frühlingsmorgendämmerung,helltönender
Vogelsang begleitet einen Schatten,ein
Zeitungsausträger bringt schlechte Neuigkeiten
Man müßte noch mal Kind sein,hat schon Vater
Gesagt,sie spielen Zweisamkeit,sprudelnde
Himbeerbrause in Rotweingläsern
Harte Verhandlungen zwischen Leseratte
Und Flohmarktverkäufer,er verlangt
Zwanzig Pfennig pro Groschenroman
Liebe auf den ersten Blick,zumindest
Meinerseits,auch der zweite überzeugt,so
Ästhetisch wie sie schneuzt sich sonst wohl keine
Wie in guter alter Zeit,ein nächtlicher
Streuner sieht im Laternenschein einen
Betrunkenen nach Hause wanken
Komische Zwiesprache aus der Nachbarwohnung

Die ältere Dame unterhält

Sich blendend mit ihrem Fernseher

Kaugummiautomat,süße Erinn'rungen

Heut' keine Groschen dabei,die damals die

Belohnung fürs Zigarettenholen

Die beiden Jugendlichen halten kurz inne

Kommentier'n die Begegnung zweier

Fußgänger in der Einbahnstraße

Wieder Kegelabend,in der Spielpause

Gespräche unter Männern,eines fehlt

Beim Aufzählen der Zehn Gebote

Märchenhafte Nacht,Feuerzeugstimmung

Sogar das arme Mädchen mit den

Streichhölzern zündet sich noch eine an

Der dynamische Herr führt am Tag in der

Firma,am Abend beim Walzer,seine

Tanzpartnerin führt ihn an der Nase herum

Tour durch die große Stadt,den lieben langen Tag

Lang Sehenswürdigkeiten,auf dem

Rückweg ins Hotel Prostituierte

Mit seiner Hände Arbeit sorgt er am Tage

Für die Familie,an einer der

Vier Wände abends Schattenspiele

Ruhestörung im Wandel,das ältere

Ehepaar nimmt es stoisch zur Kenntnis,des

Nachbarsjungen neuestes Spielzeug

Ich alter Besserwisser genieße ganz

Entspannt die Feiertagslektüre,in der

Tageszeitung das Neuste von vorgestern
Ein Kommen und Gehen,sein Sohn packt ihm die
Tasche,mein Bettnachbar lächelt,er darf
Wieder nach Hause,keine Hoffnung mehr
Der nächste Schicksalsschlag,Vater erhebt sich
Stellt sich in die Ecke,betrachtet das Kreuz
Und reißt das Hufeisen von der Wand
Vereitelter Geschlechtsakt,gegenseit'ge
Vorwürfe,die beiden Hunde verstehen
Sich besser als ihre Besitzer
Personenbeförderung ohne Raumgewinn
Der Busfahrer belächelt all die
Fahrgeschäfte auf dem Rummelplatz
Die Alleinerziehende,mit dem Fahrrad
Unterwegs,wohin es heute geht,weiß vielleicht
Auch das Kind auf dem Gepäckträger
Wieder spät geworden,zu müde für einen
Gruß,der vorwurfsvolle Blick einer
Nachbarin auf dem Weg zur Frühschicht
Eine Bekannte aus unserer Jugendzeit
Hat mich gleich wiedererkannt und schwärmt nun von
Früher,ich weiß noch nicht,wer sie ist
Spaziergang durchs Heimatdorf,schmerzliche
Erinn'rungen beim Blick aufs neue Schild,ein
Physiotherapeut in der Zahnarztpraxis
Beruhigte Stimmung,gedämpfte Stimmen
Irgend jemand legt Holz nach,spürt den
Schwelenden Konflikt am Lagerfeuer

Alkohol im Spiel,das gewinnende Lächeln

Seines Gegenübers irritiert und

Provoziert den Verlierer mehr und mehr

Der Fremde neben mir berichtet aufgewühlt

Von seinem Glück im Unglück,nebenan im

Abfallkorb ein zerknüllter Lottoschein

Fragende Gesichter in der Grundschulklasse

Der Religionslehrer erzählt vom Turm

Von Babel,draußen Baustellenlärm

Nur nichts anmerken lassen,sie saßen auch schon

Mal entspannter und lässiger,die

Jugendlichen auf dem Brückengeländer

Ihm vergeht der Appetit,schon wieder ihre

Predigt nach dem Tischgebet,das Kind

Hält die Gabel in der falschen Hand

Familienfeier,abseits des Lachens

Vier trockene Augen,die Tragweite

Der Nachricht in Vaters Angesicht

Sie werden wiederkehren,draußen die

Versammlung der bereiten Schwalben,im

Krankenzimmer Vaters Sterbebett

Abendessen daheim,Meinungsverschiedenheit

Mit Konfliktpotential,im Hintergrund

Nachrichten,und irgendwo ist Krieg

Stürmische Zeiten,Pubertierende im Haus

Kontroverse Ansichten,eine Tür

Schlägt knallend zu,das himmlische Kind

Mittag auf der Parkbank,denn er weiß nicht,was er

Tut,meint neben mir der Rentner mit Blick auf den
Schuljungen,der ihr die Schultasche trägt
Schnell noch Mutter besuchen,sie wohnt im vierten
Stock,wer braucht da schon einen Lift,das Getratsch im
Treppenhaus verflacht mit jeder Stufe
Eigentlich dasselbe Ziel,im Abteil
Differenzen,feixende Jugendliche,der
Ältere Herr nennt sein Ticket Fahrkarte
Umkleidekabine,allein unter Fremden
Dann stelle ich sie eben,die etwas andre
Frage an den Spiegel an der Wand
Sein Klassenkamerad erklimmt den Sprungturm
Ihr großer Bruder hat nicht mehr den
Großen Spaß auf der Wasserrutsche
Jedes Jahr das Kreuz mit der Umstellung
Von Sommer auf Herbst,beim Einkaufen
Wenigstens bunt gefärbte Eier
Ihr Vorabendprogramm,er informiert sich
Bestens in der Fernsehzeitschrift,verschiebt den
Kinobesuch in die nahe Zukunft
Ein besonderer Abend,Romantik mit
Kerzenschein,er weiß,was sie sich wünscht,und greift bei
Den Teelichtern zur extra großen Packung
Abgekühlte Liebe und Novembergrau
Ihre Fünfjährige schneidet sich
Mäntel aus dem Modekatalog
Sportlicher Wettbewerb schult den Charakter
Bei der Schülermeisterschaft zweimal

Gequältes Lächeln auf dem Siegertreppchen

Waldexkursion,sich auf etwas einlassen

Neuland betreten,hieß es,und die

Angehimmelte umarmt eine Buche

Autobahnraststätte,doch im Kopfkino

Läuft ein Landstraßenfilm,mittendrin statt nur

Dabei ein Mensch ohne Führerschein

Frühling liegt in der Luft,die übliche Lesart

Sarkastisch abhandelnd,vergleichen ihr

Leiden zwei Pollenallergiker

Ihre zweite Schulwoche,Erstkläßler auf dem

Gehweg,die kleinen Schätze mit ihren

Schirmmützen,von Müttern behütet

Das tägliche Spiel auf dem Monitor

Wieder mal heiß diskutiert mit dem

Vorgesetzten,ist noch Mittagspause

Die Schrankwand erschlägt einen,der Besucher

Wundert sich,daß ihn der Hausherr mit einem Mal

Schief anschaut,hat er was Falsches gesagt

Letzter Blick durchs Fenster,über Nachbarhäusern

Verbleichendes Abendrot und die

Alte Sehnsucht,die neu erwachende

Ästhetenspiegel

So schönheitstrunken ornamentsumschwungen
Von mat'rialversandten Huldigungen
Umwirkt vom Wesen wahrster Prächtigkeit
Der Höchstvollendung gar behend' Geleit
Welch wundermächtig überkost' Umschmücken
Dem Seelenleib ein reich' und rein' Beglücken
Und kommt inmitten eines so Umfaßten
Ein derart ruhmbeglänzter Blick zum Rasten
Vermag kein noch so trister Widerschein
Des eitlen Glaubens Abbild zu entweih'n

Eines Jungen,Wilden Zähmung

Ertrag,was du nicht ändern kannst,so hörst Du
Einen Menschen sagen,den Du vergeblich gleich
Verbannst,da ihn Du nicht mal willst ertragen
Ein andrer rät Dir,lieb dein Leben,es ist nichts
Wert'res dir gegeben,dich zu ihm wende
Liebevoll,doch Du bist geil und liebestoll
Mit junger Kräfte blanken Waffen drohst Du dem
Starr'nden Weltenbild,willst Deinen Teil Dir neu
Erschaffen,entflammend,unerbittlich,wild
Du wirst Dir ungewollt zum Feind,ein dritter Dich
Bereits beweint,die Tränen tropfen in die
Brände,Du stirbst ob der Begleitumstände

Mehr als hundert Jahre alt

Wenn in einem Bericht über einen mehr als
Hundert Jahre alten Menschen dessen gute
Geistige und körperliche Verfassung,wenn
Auch wahrscheinlich oft übertrieben positiv
Dargestellt,hervorgehoben wird,nötigt es
Dem noch lange nicht so alten Gesunden
Respekt ab und schenkt ihm Zuversicht für sein
Eig'nes weit'res Leben,weil er sieht,daß solches
Eben durchaus möglich ist,der viel jüngere
Kranke jedoch,der weiß,daß er nicht mehr lang zu
Leben hat,reagiert darauf mit schmerzlichem
Beneiden und entfesselt vielleicht sogar Haß
Auf den,der so etwas möglich macht,oder Wut
Auf die solches ermöglichenden Umstände

Von der Erbschuld

Wie wissen sie doch vieles zu erzählen,sie
Die sagen,daß vergessen werden dürfte nie
Daß niemals das Bewußtsein mehr verlieren dürft'
Was dunkle Schatten auf vergang'ne Jahre wirft
Wie findet viel Verständnis deren Woll'n bei dem
Der es aus fremder Zeugenschaft hat zu versteh'n
Der sich wohl wahrlich glücklich schätzen darf bis heut'
Daß nicht zum Opfer fiel er solch begier'ger Zeit
Beginnen aber sie zu reden von der Schuld
Die kollektiv die Nation einst auf sich lud
Und von Verantwortung,die weiter sich vererbt
Und durch die Generationen überlebt
Dann sei gestraft nur mit Verachtung solch ein Wort
Das nicht mal sich beklagen dürft',vernähm' es Spott
Denn,deren Trauer,deren Schmerz in allen Ehr'n
Die Erbschuld ist und bleibt die lächerlichste Mär
Die alte Dummheit sich auf böse Fahnen schreibt
Und junge Unschuld in der Ahnen Kriege treibt

Waldesvolk

Unter und über vorantreibenden Schritten
Der einen oder andren zu scheitern droh'nden
Existenz erlebt zwingend anempfohlene
Geselligkeit oder schlichtweg passierende
Regungsprozedur,jedenfalls scheinen Füße
Die noch in Schuhen stecken,als durch gewisse
Bösartigkeit Gefeites zu gelten,wo das
Zu voluminösen Heerschar'n erstarkende
Gewimmel inmitten munter ergänzender
Mitstreiter als exemplarisch exerzierte
Rechtmäßigkeit sich Zugangsmöglichkeiten in
Höherrangig abgesonderte Gültigkeit
Aus der abbildhaften Selbstheit zu erformen
Vermag,und das,was sich ob angedichteter
Schreckhaftigkeit in unversehens gewahrten
Niedrigeren Bewuchs duckt,kann sich vermutlich
In den allermeisten Fällen durchaus mit der
Jeweils verursachenden Form verkörperter
Daseinserklärung auch siegreich messen,während
Aber die eine Art von Beseelung spür'nder
Geistigkeit des flächiges Wesen traktier'nden
Eindringlings ihrer partiellen Zermürbung
An jenem selbstgewählten Tor zum Unterreich
Entgegenbangt,hat eine freimütig daraus
Phantasierte Gestalt,die lasses Reisigbiest
Geheißen wird,die Führungsrolle im niedlich
Anhebenden Schauspiel vom Überkriechenden
Übernommen,in dem in den zentraleren

Szenen die stattliche Eichhörnchenprinzessin
Ihren männlichen zepterschwingenden Partner
Aus bestimmungsschwer gewünschter Vermutung zu
Reißen versucht,da sich indessen ein buntes
Geschehen in aufweichungsfreundlich gefügten
Beziehungsstrukturen sowohl dem Ende als
Auch dem jede mögliche Retrospektion
Duldenden Anfang entgegenranken darf,von
Ihrem monatelang zu absolvierenden
Tageswerk recht zwiespältig angetan,bindet
Die Vielzahl von Arbeiterameisen ihre
Bläulich unterlaufene Freudigkeit ob der
Beweisbaren Emsigkeit als weithin textlos
Propagierte Weise in die allgemein gen
Ersparung steuernde Geräuschkulisse,die
Im Umgang mit zu verteilender Ironie
Überaus erfahr'ne Netzspinne tröstet sich
Über ihr manchmal vorwurfsvoll aufflackerndes
Gewissen seit neustem hinweg,indem sie die
Meinung vertritt,daß die von ihr weggeküßten
Antlitze ihrer Beutestücke keinesfalls
Ergebnisreich mit der gängigen Metapher
Vom Verlieren des Gesichtes zu vergleichen
Seien,von Entscheidungsschwierigkeiten,denen
Sich selbige ab und zu ob der sowieso
Niemals ganz auszuschöpfenden Möglichkeiten
Inmitten passende Distanzen überreich
Darbietender Baumstammansammlung ausgesetzt

Sieht,zumindest unberührt gelassen,pflegt das
Vieläugige Flieglein den ihm grade zupaß
Kommenden Gedankengang als Flugschneise durch
Mittelbare Bedrohungen zu nutzen,währ'nd
Es die Eventualität von körperlich
Erfahrbaren Folgen es selbst betreffender
Nachstellungen vor der jeweils nächsten seiner
Minutenreisen wegen der als recht gering
Erachteten Wahrscheinlichkeit zu unerwünscht
Belagerndem degradiert,der ihm ob dessen
Dezent'ren Ausflügen selten begegnende
Hirschkäfer,der bei Duellen schon einige
Geweihe mit der Übermittlung seiner wohl
Noch für läng're Zeit nicht zu unterschätzenden
Physis zu betrauen hatte,trägt bisweilen
Die durch die gewissermaßen nur mindere
Wertigkeit repräsentier'nden Fichtennadeln
Angestachelte Aggressivität eher
Unbewußt durch seine derart ausgelegte
Gegend,dazu trägt wohl nicht unwesentlich auch
Der Umstand bei,daß aufgrund der zugunsten der
Kopflastigkeit eingeschränkten Wendigkeit er
Niemals das wenigstens ungefähr exakte
Momentane Ereignisbild hinter seinem
Rücken zu registrieren vermag,von solcher
Problematik von ihrer glücklicherweise
Nur angebor'nen Langsamkeit von vornherein
Ferngehalten,ohne jemals schon irgendein

Anzeichen für eine daraus resultier'nde
Entbehrung erfühlt zu haben,übt die kleine
Weiße Nacktschnecke ihre auszuübenden
Tätigkeiten am allerliebsten unter dem
Ausladenden Schutzschirm eines nicht grade zu
Den beliebtesten der eßbaren zählenden
Pilze,dem sie wie kaum ein zweiter Bewohner
Den Aspekt des Einladenden aus der bloßen
Ansicht heraus freilegt,ihre Fähigkeit,fast
Jedem Untergrund derart unappetitlich
Anzuhaften,hat ihr im übrigen schon den
Respekt mancher übelwollend veranlagten
Kreatur eingebracht,eine ähnlich glatte
Und weiche Erscheinungsform wie die also nun
Genüßlich an Fruchtfleisch Knabbernde bietet das
Wack're Fröschlein mit sich dar,das ein so hübsches
Territorium,wie es sich eben an sein
Feuchtes Zuhause anschließt,nicht ganz ohne ein
Entgegnendes Wirken zu seiner Schenkelkraft
Lassen möchte,wenn schon dessen Durchstreifen als
Einziges Negativum einem den einen
Oder andren unbedeutenden Widerstand
Durch die vegetative Population
Entgegenstellt,so dokumentieren seine
Stilistisch notgedrungen nicht ganz perfekten
Sprünge seine Genugtuung darüber,daß
Es bisher ohne erlitt'ne Niederlage
Dazu übergehen konnte,die Erweit'rung

Seines Erfahrungshorizonts eigenmächtig

Voranzubringen,über die Eitelkeiten

Dieser Sorte oder Machart ist wiederum

Der Buntspecht erhaben,der ganz gewiß nicht um

Anderer Beachtung willen,zumindest meint

Er,davon überzeugt zu sein,seinen durchaus

Natürlichen Verhaltensweisen von optisch

Wie akustisch bedingter Auffälligkeit den

Seiner Ansicht nach schon angebrachten Nachdruck

Verleiht,der von ihm vorsätzlich aufgeschreckte

Baumschädling,eine geradezu unscheinbar

Wirkende Larve,die jetzt Gefahr läuft,den ihr

Unlängst erst zugewiesenen Platz unter den

Bergenden Borken dem Unwiederbringlichen

Im verlustig Gegang'nen übereignen zu

Müssen,verfügt über ihm kaum zugetraute

Kräfte,die er jedoch nie gegen nutzbringend

Zu verrichtende Arbeit wenden würde,da

Ihnen Gebühr'ndes der Zweck der bevölkernden

Massen,während Schritte befaßt mit Anhalten

Garten seiner Gefangenschaft

Fast keiner Freiheit weiter Ort mag zum Hüter
Solch gedeihensprächt'gen Blühens sich erschwingen
Kein schönheitssehr'nder Mangel zehren darf an dem
Gelingen seines dargebot'nen Seins,doch ist
Der wohlgewillten Flore Spenden nur das Nähr'n
Dem Wuchern,das im Zeitenfliehen mehr und mehr
Die stets verborgene Entbehrung überdeckt
So suchet sein bekriegt' Begehr,aus fremdem Raum
Ein zart' Gebilde zu vernehmen,das nur Dein
Bekundend' Mal,um der Befreier sich zu sein

Krone

Der Schöpfung Krone wird der Mensch genannt
Vor all'm der Mensch im besser'n Teil der Welt
Hat praktisch niemals anders es gekannt
Sieht sich als Herrscher unterm Himmelszelt
Er fühlt sich auserkoren, stark und groß
Von Widersachern minderwert'ger Art
Ist jeden er bisher geworden los
Hat Lebensstil und Fortschritt stets bewahrt
Mit ihn Bekriegendem nimmt leicht er's auf
Mit Wissenschaft und Technik voll bewehrt
Für seines Daseins reibungslosen Lauf
Er permanent zum Sieger sich erklärt
Bis gestern ihm's meist souverän gelang
So kühn und aufgeweckt in sich zu ruh'n
Dann ihn der unscheinbare Feind umschlang
Heut' weiß er nicht so recht mehr, was zu tun
Das ärgste Unheil zwar erspart ihm bleibt
Doch setzt gewaltig ihm das Virus zu
Ihn vor sich her und in die Enge treibt
Hat lächelndes Gesicht entstellt im Nu
So vieles darf auf einmal nicht mehr sein
's gewohnte Leben hat zu steh'n oft still
Weil dieses Biest, das so erschreckend klein
Mit seinen Helfern weltweit das so will
Doch mag's auch, Mensch, vergrößern deine Not
Und dir mit der Verläng'rung der Präsenz
Mitsamt noch schlimmer'n Konsequenzen droht
's macht nur vom Namen her dir Konkurrenz

Den bösen Winzling hältst du fern vom Throne
Bewahrst gewiß der Schöpfung dich als Krone

Knallharte Analyse

's fragt der Mensch sich,ob am End' des Lebens
Jenseits des Erklär'ns der Biologen
Jeder Mensch und er gelebt vergebens
Geist'gem Wesen Sein und Sinn entzogen
Da ihm,der trostreich,phantasievoll schreibt
Ins Buch der Seelenmythen,Gottheitsmär'n
Doch bloß die furchtbar dürre Hoffnung bleibt
Darf nicht mehr länger sich sein Blick verklär'n

Zwischen Welten

Am Gebäud' aus all den Gotteslehren
Nagt der Zahn der Zeit,man glaubt es kaum
's dehnte aus der Mensch des Himmels Sphären
Voller Wißbegier zum Weltenraum
Im beschirmenden Gebälk,dem morschen
Knirscht bedrohlicher es Tag für Tag
Seit in immer kühnerem Erforschen
Jede Antwort eine neue Frag'
Allzu vieles noch,so hört man's munkeln
Aus so einiges Versteh'nder Reih'n
Liegt vielleicht als Energie im dunkeln
Hinter Grauzonen aus Sein und Schein
Und als Widerpart zu Wissens Gelten
Schimmert Hoffnung durch die Dunkelheit
Der Materie dort zwischen Welten
Auf manch Fundstück neuer Göttlichkeit

Gegenwartslyrik,zu leiern

So einen ansprechenden Namen wohl hätten
Manche Menschen gern,vielleicht ein Drittel meiner
Damen und jeder dritte meiner Herr'n
In seiner Publikation läßt wissen
Uns der Publizist,daß publiziert er öfter
Schon,daß er kein Publizier'nder ist
Die Schützen in dem Schützengraben,die schützen
Sich durch manchen Schuß,daß d'rin gewissen Schutz sie
Haben,nicht extra man erwähnen muß
Sie vorsorglich Talente killt,wo's geht,da
Nicht erst Hochbegabung der allgemeinen
Dummheit gilt als ihrer Ordnung Untergrabung
Vielleicht ja sagt der Atheist,nachdem des
Lebens er beraubt,letztendlich war es großer
Mist,daß ich an keinen Gott geglaubt
Die Regenwürmer,die sich nun so rege
Hier im Regen regen,bei Regenwetter
Solches tun wohl kaum des Badespaßes wegen
Er könnte leicht den Halt verlier'n,gefährlich
Lebt der Trittbrettfahrer,doch hat er Glück,kann
Präsentier'n er sich der Haltung als Bewahrer
Ist einer stets voll Tatendrang und
Nie erpicht auf Rast und Ruh'n,bescheinigt man ihm
Einen Hang zum Machen,Tätigen und Tun
Zwar lockt die große,weite Welt,doch sagt sich
Ich geh' lieber heim,die Stubenflieg' am
Himmelszelt,statt Fliegenfängern auf den Leim
Ein Zubrot hier,ein Zubrot da zum eh schon

Täglichen der Brote,da sagt nicht nein man

Sondern ja,kein Mensch benötigt Hungertote

Mit gutem alten Klimperkasten,der

Kein Klavier,kein Flügel ist,und dessen vielen

Schönen Tasten darf spiel'n der künf'ge Pianist

Ein Felsblock,ungeschliff'ner Brocken,mit seiner

Frag' dem Edelstein wohl eine Antwort

Will entlocken,wie kann man nur so edel sein

Daß der Verfall der Erde schleichend,wie,Mensch,du

Wissen läßt,schau,schau,hält andrer Mensch für

Unzureichend,wer's schafft,soll d'raus doch werden schlau

Weil's alter Brauch,soll'n ziehen Kissen heut' gegen

Schneebäll' in die Schlacht,wie's geht,wird man doch dort wohl

Wissen,wo selbst die Prügel tragen Tracht

Dem Wolf wird es erzähl'n der Dachs,daß

Es gefuchst doch sehr den Luchs,daß jenen großen

Fetten Lachs ihm abgeluchst der schlaue Fuchs

Es kann schon mal passier'n,geschehen,daß seinem

Spucknapf anvertraut,und wenn's passiert,dann

Aus Versehen,er auch mal was,was schon verdaut

Als ob ihr Frauen es nicht wüßtet,daß mancher

Mann,der gerne scherzt,sich seines guten Herzens

Brüstet,weil allzugern er Brüste herzt

Neun Kegelrobben spielen wollen mit spielen

Woll'ndem Kugelfisch,doch welches Spiel nur spiel'n sie

Sollen,das eine ist schon mal vom Tisch

Da kommt ein Zwerg mit Riesenschritten,da fragt man

Sich doch,wie er's schafft,und sagt sich d'rauf,'s ist

Unbestritten teils sonderbar,teils märchenhaft
Versteckt auf Lebern läuft die Laus und erntet
So,dies tun die Wanzen,auf off'ner Bühne
Nie Applaus,wenn auf der Nas' herum sie tanzen
Wer nie sie abnimmt,wenn er säuft,und d'rum beim
Trinken aus der Pfütze sie aufbehält,auf
Knien läuft Gefahr,zu kriegen auf die Mütze
Man kann ja nicht mal was dafür und muß doch
Ganz allein entscheiden,steh'n einem offen
Tor und Tür,hat man zu geh'n durch eins von beiden
Versichern kann,daß alles,was der
Allesfresser heut' nicht frißt,ein Omnivore
Sagt zum Spaß,bis morgen vor ihm sicher ist
Auch wenn nicht alles ihr gelingt,so freut man
Doch sich,wenn es glückt der Brücke,wenn auch
Nur bedingt,daß irgendwas sie überbrückt
's hält öfters einer was für machbar,weil's machbar
Scheint aus seiner Sicht,bis ihn sein Nächster oder
Nachbar berichtigt,nein,das geht so nicht
Dem früh'ren Lügner nie man glaubt,obwohl er
Sagt die Wahrheit immer,man letztlich letzten
Nerv mir raubt,er sagt,eh's werden kann noch schlimmer
Sein Haus soll bieten seinem Schatz sowie auch
Ihm,dem Bauherrn,Schutz,der gerne haut im
Nebensatz mal d'rin,mal draußen auf den Putz
Auch unterwürfig sein er kann,vielleicht gibt's
Zu ja der Despot,gesteht dem Volke
Der Tyrann,daß oft und gerne er devot

Nur auf den ersten Blick es gibt doch keine
Bess'ren Augenzeugen als die,gemacht oft
Unbeliebt,die alles stets genau beäugen
Was war zuerst da,war's die Henne,wenn nicht,war's
Dann vielleicht das Huhn,du fragst,ob ich die Antwort
Kenne,ich kenn' sie,sie beginnt mit,nun
Es läßt sich vieles überstehen,doch kommen
Feindlich in die Quer' dir alle irdischen
Armeen,dann müssen hehre Heere her
Zum Glück man Näheres erfährt,noch gar nicht
Vorgestellt mich habe,der Pechvogel dem
Schwan erklärt,nun denn,gestatten,Unglücksrabe
Wohin mit losem Mundwerk,red,will
Man's gefahrlos transportier'n,in Maultasch' oder
Maulkorb,seht,sollt' unterwegs man's nicht verlier'n
So mancher in Erwägung zieht,zu halten
Es für gut durchdacht,wenn einer nach dem Rechten
Sieht,bevor was Linkes dieser macht
Setzt aus die Straf' man zur Bewährung,freut diebisch
Sich der Delinquent,und auch der Straftaten
Verjährung ein Schelm verbrecherfreundlich nennt
Will geh'n man Sachen auf den Grund,man möglichst
Sachlich sollte geh'n,nicht wie ein tollwütiger
Hund,gesunder Mensch,du wirst's versteh'n
Ein Unding kommt,ein Unding sieht,ein Unding
Bringt's zu Ende,siegt,daß dies passiert,daß
Scheiß geschieht,in der Natur der Sache liegt
Ein Menschenkind fragt nur mal so,wohin nur

Sagt,soll ich mich wenden,wenn irgendwo im

Nirgendwo doch immer alle Wege enden

Es ist,sagt einer vor Gericht,laut meiner

Inn'ren Stimm' verbürgt,daß ich sie,was für Unschuld

Spricht,doch lediglich im Wahn erwürgt

Zwar wirklich toll ist,daß sie mutig,doch werden

Sie nicht übermütig,sonst wird's am End' vielleicht

Noch blutig,ach,bitte seien sie so gütig

's hätt' gerne mal die Helligkeit die andre

In den Arm genommen,doch ahnt sie's wie die

Dunkelheit,wir können nie zusammenkommen

Man bittet Nachsicht um Beachtung,die vielen

Zugedrückten Augen nun mal zu nüchterner

Betrachtung sowie zu klarer Sicht nicht taugen

Brutaler Ruck bricht ihm's Genick,'s wird einer

Aus der Welt geschafft,'s trägt Mitschuld d'ran der

Galgenstrick und kommt davon nicht ungestrafft

Erhebend muß für Herz und Sinn es sein,auf

Hoher See zu stehen und mit gesenktem

Haupte in die Tiefsee lang hinabzusehen

Wer statt des Pfennigs niemals ehrt die rasch

Vergehende Sekunde,ist statt des Talers

Gar nicht wert der so minutenvollen Stunde

Da dem Geschlag'nen aus schon gehen dem Schläger

Hingehalt'ne Wangen,läßt seine Backen er

Ihn sehen,die werden auch nicht lange langen

Ich könnt' die ganze Welt umarmen,sagt einer

Den das Schicksal schlug so schwer,daß man mit

Ihm Erbarmen,wär'n meine Arme lang genug
Das Rote,das meist innerhalb des Leibs von
Jungtier'n fließen tut,das ist bei später leck'rem
Kalb wie auch bei Lamm und Ferkel Blut
Der eine ein Objekt befestigt,das andrer
Kurz zuvor fixiert,der jüngst ihn als Subjekt
Belästigt,nachdem der eine ihn sekkiert
Da hilft dir auch kein Psychologe,wie's in dir
Aussieht,Dramaturg,weiß nur,belehrt der
Pädagoge,samt seinen Helfern der Chirurg
Und können feindselig sie wieder sich feindlich
Gegenübersteh'n,dann sind die Feinde selig
Brüder,das müssen neidvoll ein wir seh'n
Ein Grenzbeamter meint,selbst mir gesagt es
Sei,auch hierzulande,wo meinen Dienst ich
Absolvier',befinden Grenzen sich am Rande
Sich sicher ist der Psychopath,daß er nur
Körperlich verwirrt,so,wie versagt als Mann der
Tat der Psychologe,der sich irrt
Verzeih'n tut selbst die dümmsten Sachen man ihr,die
Spaß und Freude macht,nur die,die krumme Sachen
Machen,die werden letztlich ausgelacht
Wär' nicht der Täter er gewesen,dann hätte
Er's ja nicht gemacht,dann hätt' zu Unrecht,wie zu
Lesen,erhärtet wohl sich der Verdacht
Bin so mit meinen ganz zufrieden,lass' d'rum mich
D'rauf erst gar nicht ein,wer weiß,was da mir
Würd' beschieden,Gedankenaustausch,danke,nein

Kollektive Selbstanklage

Uns verhaßter Staaten Fahnen wir verbrennen
Auf der Feinde Bildern trampeln wir herum
Keine Gnade mit Symbol und Abbild
Kennen,töten tote Dinge,weil wir feig und
Dumm,Kraft und Übermacht bezieh'n wir aus der
Masse,eig'nes Denken nicht zu uns'ren Stärken
Zählt,wer von falschem Glauben oder falscher
Rasse,niemals uns're Duldung und Geduld
Erwählt,wenn es nötig aber,werden wir
Erklär'n,daß gewiß es immer ihre eig'ne
Schuld,wo sie irrgläubig bedenkend sich erwehr'n
Uns'rer konstruierten Gottheit heil'ger Huld

Frieden ist mehr

Frieden ist mehr als das Schweigen der Waffen
Mehr als umfassender Kampfhandlung Ruh'n
Wenn dann nach endgült'ger Tatsachen Schaffen
Kriegspartei'n vorläufig nichts mehr sich tun
Frieden ist mehr als der Sieg weißer Tauben
Mehr als gewonnener Einsicht Triumph
Während ans Gute im Menschen zu glauben
Möglichen Opferheers einziger Trumpf
Frieden ist mehr als die Freiheit der Leben
Mehr als brutaler Gewaltherr'n Absenz
Welche sich gegen die Völker erheben
Dank unterjochender Führungspotenz
Frieden ist mehr ein strategischer Laie
Mehr der aktiven Problemlösung Feind
Rempelt man an ihn beim Tanz aus der Reihe
Zieht er zurück sich und schmollt oder greint
Frieden ist mehr so ein kümmerndes Pflänzchen
Mehr noch, ist nur ein geflügeltes Wort
Bittet belad'ne Geschichte zum Tänzchen
Fliegt er davon und bleibt lange oft fort
Frieden kehrt wieder, läßt schaffen sich, wär'
Schließlich, würd' er in sich ruhen, nicht mehr

Einigkeit beim Recht auf Freiheit

Die Einigkeit beim Recht auf Freiheit,die
Die herrscht verbreitet und so vor sich hin
Und läßt man kurz mal aus den Augen sie
Läßt man noch lange nicht sie aus dem Sinn
Die Einigkeit beim Recht auf Freiheit hat
Die Pflicht im Grunde,darf geschrieben steh'n
Und sollte an der Glaubenskrieger Statt
Zur Hand beherzigten Gedanken geh'n

Aphoristisches zu Werten 5

Vor der Weisheit letzten Schlüssen 6

Zweizeilige Kurzweisheiten 12

Zur Beurteilung 16

Aphoristische Bruchteile 21

Menschen zwischen Wortmeldungen 22

Alle unsere Sinne 26

Übers Begegnen und Treffen 27

Übers Belügen und Täuschen 28

Das hätte er so nie gesagt 30

Nicht gerade unstreitig 35

Ist doch wahr,oder 36

Also denkt d'ran 42

Altbekanntes umformuliert 44

Ist doch klar bis selbstverständlich 46

Neun mal sechs Wörter 51

Und neun mal sechs Wörter 52

Oder neun mal sechs Wörter 53

Außerdem neun mal sechs Wörter 54

Aus zwei macht eins 55

Je ein Beispielsatz mit Beistrich 56

Sätze ohne Punkt und Komma 62

Dummes Zeug um kluge Sprüche 68

Durchaus bekannte Pilze 73

Heikos siebzehnsilb'ge Bildchen 74

Kürzlich kurz auf Elba 79

Zweiundneunzig bunte Haikus 80

Rund der Freiheiten 85

Im Anschluß an den großen Fluß 86

Neben jenen Reden 90

Als Tanka   96

Ästhetenspiegel   102

Eines Jungen,Wilden Zähmung   103

Mehr als hundert Jahre alt   104

Von der Erbschuld   105

Waldesvolk   106

Garten seiner Gefangenschaft   111

Krone   112

Knallharte Analyse   114

Zwischen Welten   115

Gegenwartslyrik,zu leiern   116

Kollektive Selbstanklage   122

Frieden ist mehr   123

Einigkeit beim Recht auf Freiheit   124